DE LA CRISTIANDAD
A LA MISIÓN APOSTÓLICA

UNIVERSIDAD DE MARY

DE LA CRISTIANDAD
A LA MISIÓN APOSTÓLICA

Estrategias pastorales para
una nueva era

EDICIONES RIALP
MADRID

Título original: *From Christendom to Apostolic Mission: Pastoral Strategies for an Apostolic Age*

© 2020 *by* University of Mary and Monsignor JAMES P. SHEA
© 2025 de la edición española traducida por GLORIA ESTEBAN
by EDICIONES RIALP, S. A.,
Manuel Uribe 13-15 - 28033 Madrid
(www.rialp.com)

Preimpresión: www.produccioneditorial.com

ISBN (edición impresa): 978-84-321-7182-6
ISBN (edición digital): 978-84-321-7183-3
ISBN (edición bajo demanda): 978-84-321-7184-0
ISNI: 0000 0001 0725 313X
Depósito legal: M-16231-2025
Impreso en Anzos, S. L., Fuenlabrada (Madrid)

ÍNDICE

PRÓLOGO

«Escribo estas palabras después de un silencio y apartamiento de 30 días de retiro en la ciudad de Jerusalén. Desde la ventana de mi habitación puedo ver el Sol salir sobre el Monte Sion y la abadía benedictina de la dormición de María». Con estas palabras inicia su prefacio a la edición original de este opúsculo monseñor James Shea, presidente de la *University of Mary*.

La comparación no tiene lugar, en absoluto lo pretendo, pero tampoco está nada mal escribir esta introducción a la traducción española después de dos días de descanso en la bellísima ciudad castellana de Segovia, con el acueducto a los pies y las montañas nevadas al fondo.

Si James P. Shea imaginaba el fervor apostólico de aquellos primeros cristianos de Jerusalén, aquí no es difícil pensar en la enorme capacidad técnica, social y jurídica de aquellos genios, los romanos, y hacerse cargo de la insignificancia aparente del primer cristianismo ante la grandeza de aquel Imperio. Pero uno deja la imaginación vagar y ve cómo la historia ha pasado por Segovia, desde el ingenio que expresa el acueducto hasta las tejas segovianas (las ponen del revés) que cubren numerosas iglesias románicas, góticas… hasta la inmensa mole de la catedral. Y así, como por ensalmo, hemos dejado atrás lo romano y hemos llegado a la catolicidad. Pero el vuelo continúa, y se detiene en los cines y los centros comerciales, que congregan a aquellos que en otro tiempo acudían al sonido de las campanas.

A la vista de esta rápida sucesión, la pregunta no es ya cómo aquella vieja sociedad romana llegó a ser católica, sino cómo es posible ser creyentes en esta nueva sociedad que hoy deja de ser cristiana. Si nos fijamos en aquello es para aprender algo sobre esto, porque poco a poco los tiempos de la historia nos arrojan a ser, de nuevo, primeros cristianos o, si el lector lo prefiere, cristianos en un mundo ajeno e imponente.

Es posible que esto sea lo que más cuesta entender: que somos cristianos de época pagana. Nuestro libro nos invita a una travesía que deja atrás la época de cristiandad para abrazar la misión apostólica en un mundo no creyente. Es claro desde la cita que abre el libro: «Hermanos y hermanas, ya no estamos más en cristiandad» (Papa Francisco, discurso a la curia 21.XII.2019). No contento con haberlo dejado cristalino en el prefacio, añade otra cita contundente en la introducción: «Nuestro tiempo no es una época de cambio sino un cambio de época» (Documento de Aparecida, Obispos de Latinoamérica y el Caribe). Quizá hemos oído esta expresión en tantos ambientes y en tantas ocasiones que la hartura amenaza con tapiar nuestras entendederas. Con eso y con todo, por mucho o poco que haya sido oído, resulta que es verdad. O al menos esta es la persuasión del autor de este librito.

Quizá el primer golpe de aire fresco y renovador, tanto como abrir las ventanas de buena mañana en Jerusalén o Segovia, sea que por fin alguien se lanza a explicar qué significa eso tantas veces repetido. *Cambio de época*. No hay que esperar mucho para encontrarlo. Está en las primeras páginas… y engancha. Vaya si seduce porque al fin alguien, además de repetir, piensa. Y piensa, creo yo, no tanto como conclusión de una acumulación de datos proporcionada por san google (o el buscador que sea), sino como fruto de una larga consideración. Estamos ante alguien que ha tenido tiempo para pensar y, además, sufre por la ausencia de Dios y se alegra por la extensión del Evangelio. Su inteligencia es sentiente, con permiso de Zubiri. O al menos lo parece.

Simplificando mucho, esto de *vivir una determinada época* tiene mucho que ver con la "narrativa" de lo real y sus dogmas. Me explico. Por "narrativa" se entiende esa "explicación inexplicada" en virtud de la cual las personas comprenden su propia vida, desempeñan sus ocupaciones y llevan adelante —más o menos serenamente— sus existencias. Esa explicación común de lo real se posee de modo inconsciente; son solo unos pocos los que la piensan, la validan o la critican en alguno de sus aspectos. La mayoría vive serenamente, aceptando más o menos de buen grado los cambios parciales que se van produciendo. En el marco de esa narrativa, quien opta por ir *en contra* o vivir *al margen* de ella queda, casi automáticamente, fuera de la sociedad. Un ejemplo quizá aclare el camino del sacrificado lector. En la España de los años 50, era del todo impensable que alguien, incluso si había emigrado a otro país donde existía el matrimonio civil, se casara en los juzgados. No entraba en cabeza alguna. Hoy, sin embargo, la narrativa común invita a los que se comprometen en matrimonio a no hacerlo sin antes haber vivido juntos. Quien entonces se casaba por lo civil era un antisistema; quien hoy se casa sin vivir juntos… un insensato. Vagabundos errantes, unos y otros, al margen de la narrativa común.

Conviene tener presente que dicha explicación de la realidad no es unívoca. No existe una única narrativa para todo lo real. Por el contrario, hay muchas: una económica, otra política, otra religiosa… y no siempre van todas en la misma dirección, porque el fundamento que las sustentan es de lo más variado. Para profundizar en ello tienes este valioso y pequeño libro; pero antes de avanzar hacia nuevas consideraciones aún queda por dar un apunte relevante en relación con esta cuestión del *cambio de época*.

Cada narrativa tiene sus dogmas. En absoluto y para nada esta sociedad nuestra puede anunciar solemnemente desde su logia secular, la que sea, que se ha liberado por fin de los dogmas. Eso sencillamente es imposible. Otro ejemplo, para descanso de todos. Cuando una veinteañera se lamenta porque le han dado la cena de navidad todos los "mayores" de su casa (padres, tíos, abuelos), sencillamente por estar a favor de la vida (y en contra del aborto), es porque ha "atentado" contra uno de los dogmas contemporáneos. Hace cien años eran unos, hoy son otros. Pero siempre los hay. Esta idea también es sugerente:

nadie está por encima de nadie porque todos necesitamos un suelo donde pisar. Y ese suelo son los dogmas.

Pues bien, *cambio de época* significa que una sociedad pone *masivamente en duda* los dogmas, los fundamentos y aún el funcionamiento de la "narrativa" hasta entonces vigente. Es "la apostasía silenciosa de Europa" que tanto preocupaba a Benedicto XVI. Aunque, si se mira desde la otra orilla, otros convendrán en decir que por fin se obra "el nacimiento sonoro de algo nuevo". Tampoco se equivocan. El colapso de una narrativa viene sucedido por el nacimiento de otra. Con sus dogmas.

El punto, y esto es sin duda uno de los aspectos más atractivos de este libro, es cómo ha de situarse un creyente en Cristo ante este colapso-crecimiento. La propuesta que se va a llevar a cabo quiere desarrollar *estrategias pastorales para un tiempo apostólico*. Para hacerlo conviene, no obstante, considerar a modo de introducción dos respuestas que, aunque habituales, no dejan de ser ineficaces.

La primera respuesta ante el cambio de época es la tentación de mudar lo propio hasta en sus principios más esenciales: aceptar que la cristiandad ya no existe y repensar todo de punta a cabo. Dialogo tanto con el mundo que me olvido de quién soy. Esto es lo que hace unas décadas vino a llamarse, en muchos aspectos, *crisis de identidad*. ¿De qué? De la moral, del sacerdocio, de la vida religiosa… de casi todo. Ante tanta inquietud y propuestas de lo más variopinto, uno se pregunta sinceramente si la preocupación de los cristianos de los primeros siglos —en Segovia, en Jerusalén o en la vieja Roma— estaba tan centrada en la adaptabilidad a *sus* tiempos presentes. A la vista de la literatura que han tenido a bien dejarnos, más bien descubrimos una comunidad que crece, con justos y pecadores, en una lucha a muerte por la fidelidad (el testimonio, el martirio) a una fe aún no hecha pensamiento, pero profundamente vivida. Cuatro siglos de reflexiones sobre cómo Cristo puede ser Dios y hombre; cómo Dios puede ser tres y uno; cómo Dios omnipotente se relaciona con su creación y, en este sentido, sobre la diferencia del hombre respecto al resto de las cosas creadas. Y más reflexiones, sobre la acción del Espíritu, sobre la virginidad de María... No se aprecia ahí excesivo deseo de adaptación a la narrativa romana. Bueno sí, un poco, en aquellos que por hacer asequible el misterio degradaban la fe vivida: Jesús es Dios, pero poco; Dios es uno y no tres, aunque así se manifieste, y un largo etcétera. Intentos, todos ellos, que la Iglesia rechazó. Porque a la Magna Iglesia, que bien pocos eran, le preocupaba bastante menos la aceptación de los demás que la comprensión honda de quién es ella misma, de cuál es la fe que ha recibido. De ese esfuerzo de inteligencia vivida nacerán términos tan decisivos para occidente como persona, voluntad, Amor (en un sentido preciso y mayúsculo), caridad, servicio, Trinidad, etc.

Es justo decir que la adaptabilidad reciente a costa de la identidad no ha tenido excesivo éxito, y eso a dos niveles. Por un lado, no ha conseguido parar el arrollador alud de la secularización y el paganismo; por otro, tampoco parece haber sido el revulsivo que había de generar en la comunidad cristiana eso que nunca se acaba de saber muy bien qué es —al menos yo no lo sé— pero que llaman *primavera de la Iglesia.*

Así pues, la mera adaptación a costa de la propia identidad no puede ser una respuesta válida a los desafíos contemporáneos. La segunda ruta errada, en cuanto no logra mantener vibrante (y para todos) la fe cristiana, la pone el autor de este libro en el empeño por mantener *a toda costa* la vieja narrativa de "cristiandad", entendida no pocas veces como tardo-cristianismo. La mentalidad que hay detrás de esta opción se puede resumir en que estamos en guerra y poco armados: toca refugiarse en los cuarteles de invierno y trabajar para que vuelva a brillar la Europa o el mundo católico, de grandes números y más enormes manifestaciones, según los criterios y modos que una vez funcionaron.

Esta visión goza de dos variantes: lo que podríamos llamar un modo *clásico* y otro *moderno*. El modo clásico consiste, dicho vulgarmente, en aguantar el chaparrón haciendo exactamente lo mismo que antes. "Con la que está cayendo", lo que toca es resistir y aumentar el número de las indicaciones, consejos, modos de hacer y de decir, protocolos, actuaciones. Lo fundamental es que no haya fracturas. Atiborramos a los fieles y sacerdotes a criterios, pero no formamos personas con criterio. Es el *siempre se ha hecho así*, pero llevado al extremo. Recuerda un poco a la entrañable historia que cuenta el extraordinario predicador Knox cuando, siendo niño, pregunta por qué el "factor" —empleado de estación— golpea con una vara metálica las ruedas de los trenes. Resulta que los artefactos antiguos sonaban de modo distinto si una pieza de la rueda estaba suelta o mal puesta. Los trenes cambiaron, ese mecanismo dejó de existir, pero los "factores" continuaron haciendo lo mismo por pura inercia, aunque ya no sirviera para nada. Siempre se hizo así y eso es muy difícil de cambiar.

Tiene esto mucho que ver con lo que se ha venido a llamar *pastoral de mantenimiento*. Es justo reconocer que son muchas las iniciativas y proyectos que tienen muchas organizaciones de la Iglesia: parroquias, colegios, lugares de formación, movimientos seglares... Este librito reconoce que, en muchas, los chicos que toman parte en ellas difícilmente llegan a ser, de adultos, verdaderos creyentes. La cuestión es que a veces nos basta con ir sobreviviendo el día a día, y resulta difícil pensar a medio o largo plazo.

La segunda variante es la que he llamado *moderna*. Aunque suene paradójico, los que se refugian en los cuarteles de invierno con una mentalidad moderna, según el parecer de Higinio Marín, son los tradicionalistas. Y ahora expliquemos la paradoja. Dice el filósofo que lo cristiano, o incluso lo grecorromano, se ha construido sobre la base de *contrarios plausibles* tales como Dios y hombre, uno y trino, gracia y libertad o incluso animal racional.

La mentalidad posrevolucionaria y contemporánea lleva mal la unión de contrarios que tanto tiene que ver con el misterio. Se trata de adquirir una posición y subrayar su autenticidad tanto por el peso de los argumentos que la favorecen como por la oposición a la otra postura dominante. De ese modo, aun pareciendo una postura antigua, el tradicionalismo es profundamente moderno: quedarse con aquello que fue, tan auténtico, tan firme, tan perenne, para situarse en clave de oposición a los tiempos presentes. En ocasiones tal posicionamiento acaba por generar divisiones y, no obstante, seduce a no pocos jóvenes, porque —mal que le pese— goza de la frescura de nuestros tiempos. Lo único que hace es presentarlo al revés: en lugar de rechazar el pasado y quedarse con el presente, se queda con lo pasado y pelea con el presente. Es cierto, tal como denuncian posiciones más tradicionales, que la pérdida de tiempos de cristiandad entraña dificultades profundas, tales como la tendencia al desánimo de los creyentes al estar rodeados de una visión espiritual y moral demoledora. Pero también es justo reconocer que la nueva narrativa ha venido a barrer —a veces con violencia— las hojas secas de la tardo-cristiandad que no nos hacían ningún bien. De esto habla este libro al denunciar, por ejemplo, la hipocresía o la poca rectitud de intención que podía infectar al sacerdocio cuándo este era un modo de ganarse la vida; o también al señalar un modo de vivir de otros tiempos que era más "cristianamente acomodado" que martirial.

Es momento de recapitular. Al nacimiento de una nueva época le han sucedido una serie de respuestas pastorales que se han demostrado ineficaces, cuando no equivocadas. En particular, hemos considerado dos variantes: la primera hace referencia a prescindir de lo propio para intentar dialogar con el mundo, obrando *de facto* la secularización del fenómeno cristiano; la segunda busca recuperar los tiempos de cristiandad por el camino que sea, ya el mantenimiento en los modos, ya la persistencia en lo que fue. En un tiempo breve parece que esta segunda opción pudiera funcionar pero el cuestionamiento surge cuando se piensa a medio o largo plazo.

Así pues, a la luz de estas consideraciones nos hemos hecho ya la composición de lugar. Tenemos en las manos un sugerente libro que quiere ponernos delante el reto fascinante de la evangelización *según el modelo de los primeros cristianos*. Para llevar a cabo esta propuesta la publicación no desoye lo que de positivo ha podido tener el abandono de la "cristiandad", porque en efecto "cristiandad" iba más allá de (mero) "cristianismo", y no siempre en la buena dirección. Ahora toca ser propositivos. Para ello me inspiro en las indicaciones que nos da el Padre Shea, entreveradas con consideraciones propias que quieren ser una aplicación adecuada a la realidad pastoral del otro lado del océano, de modo que ofrezco finalmente seis ideas sobre las que fundar esta tarea apostólica.

No sé si el autor del prólogo a la edición inglesa se cuestionó, como me cuestiono yo, si esta ciudad que ahora mora a mis pies y que fue cristiana un día lo llegó a ser fruto de un plan pastoral. Resulta ciertamente simpático cómo, al inicio del capítulo cuarto, se hace la figuración de los apóstoles reunidos en Jerusalén haciendo lo que podríamos llamar un esbozo de plan pastoral. Es el momento cero de la iglesia. La descripción que hace el libro recuerda un poco a aquello que, de mil modos jocosos, se repite en los mentideros teológico-eclesiales: que pasamos del análisis a la parálisis o que el buen Señor nos encontrará, allá al final de los tiempos, fácilmente reunidos y muy difícilmente unidos.

Por eso la primera idea que deseo proponer tiene que ver con el fundamento: es decisivo que el apóstol tenga una idea precisa de *quién* es y *a qué propósito* sirve, de modo que a la hora de elaborar el plan pastoral mire más al cielo y al poder del Espíritu que a las fuerzas de las que dispone, las instituciones que regenta o ciertos análisis sociológicos más o menos acertados. Si los apóstoles hubieran atendido a esto último olvidándose del cielo, difícilmente se hubieran asomado a la ventana del cenáculo.

En efecto, los tiempos apostólicos pensados desde una perspectiva de "estrategia de cristianismo de masas", suena ridículo: obispos, 11; sacerdotes, los mismos; diáconos, ninguno; teólogos, cero; creyentes, un puñado... ¿actitud social? Hostil. El último, dirá Judas (el Tadeo, no el otro), que apague la luz. Así resultan en ocasiones nuestros análisis, porque se realizan desde una perspectiva equivocada. Estamos en tiempos de paganismo, con tal de que queramos aceptarlo. O bien, si lo preferimos, estamos en tiempos apostólicos, si aceptamos el reto de vivir en el Espíritu.

En segundo lugar y a la luz del libro que tenemos entre manos, parece que el sentimentalismo nunca será suficiente para sostener el camino del discipulado. No parece adecuado fundar sobre él la pastoral, por más que el hombre y la mujer actuales sean hondamente sentimentales. Estamos en un mundo adverso, de transición, acostumbrado a las "malas noticias". Sólo sólidamente edificados sobre la buena noticia del Evangelio, más allá de éxitos a corto plazo, se podrá dejar de tener tanto interés en el número de asistentes (propio de los tiempos de cristiandad) como la intensidad y solidez de su fe (tiempos de afán apostólico). En ocasiones nuestros modelos pastorales ofrecen el tenor de una vieja cristiandad renovada; vieja cristiandad porque aspira pronto a ser muchos, renovada porque funda sus recursos pastorales o catequéticos en elementos sentimentales o afectivos que, al juicio de muchos, son irrebatibles e instantáneos. Coletazos de un tiempo que fue y que aspira a la conversión en un segundo, a la confesión y comunión frecuentes en un par de días o tres, como si se pudiera llegar a ser san Francisco en unas pocas lecciones, tal como afirma Fabio Rosini... o a tocar en un mes cualquier pieza de piano de Rachmaninov. Imposible.

Lo que sucede es que nos autocomprendemos siendo muchos porque aún somos herederos de un tiempo de cristiandad, y a lo mejor perdemos el horizonte del trabajo que lleva una sola alma. En tiempo de apostolicidad la conversión de una sola persona es ya mucho. *Una anima, omnia gratia* decía san Agustín. ¿Significa eso que hay que dar la espalda a la esperanza de llevar el Evangelio a todas las gentes? ¿Acaso habrá que desoír la palabra postrera del Señor en el Evangelio de san Marcos y, por el mismo precio, no hacer ningún caso a los análisis sociales que repiten, machaconamente, que cada vez somos menos (en occidente)?

La respuesta es obvia: no conviene hacer oídos sordos a ninguna de estas cuestiones, pero están por encima la fe y la paciencia. Las dos. Con mucho acierto señala nuestra publicación la parcial irrelevancia en muchos aspectos de la Iglesia francesa a comienzos del XIX. Subraya un panorama desolador y, no obstante, tras un siglo más que turbulento, termina sus años triplicando en número cuanto es fácilmente cuantificable: sacerdotes, monjas, etc. Es verdad, es grande el poder regenerador de la Iglesia. Pero conviene tenerlo en cuenta: esa enorme capacidad de dar vida no está necesariamente vinculada a la inmediatez.

En tercer lugar, para lograr estrategias pastorales eficaces en tiempos apostólicos conviene pensar muy bien cómo se dirigen esas instituciones que al inicio del cristianismo apenas comenzaban a nacer. Algunas eran de lo más natural y estaban ya presentes. Me refiero a la familia. Pero otras verían la luz en el curso de la historia fruto de la creatividad apostólica y la fuerza del Espíritu: las parroquias, las escuelas, las órdenes religiosas, las organizaciones de caridad y un largo etcétera. El peligro históricamente comprobado consiste en que las obras apostólicas acaben por ser enemigas de una fe vibrante, y que la institución exista para mantener viva dichas obras apostólicas. Esto viene a significar, en último término, que la iniciativa de apostolado precisa de unos cuidados que no conviene dar por sentados. Resulta sensato pensar que para que la institución cumpla sus fines, con toda seguridad necesita: gozar de claridad en relación con su identidad; una cierta selección en relación con los empleados que en ella toman parte; y no olvidar, sino más bien renovar, la misión para la que fueron creadas y concebidas.

Como cuarta idea fundamental podemos añadir que las pequeñas comunidades son una luz grande en tiempos de oscuridad pagana. De aquellas luces y estas sombras nos habló el teólogo Joseph Ratzinger cuando afirmaba, a finales de la década de los 60 pero dirigiendo su mirada a la Iglesia del año 2000:

De la Iglesia de hoy saldrá una Iglesia que habrá perdido mucho (…). Al disminuir el número de sus fieles, perderá muchos de sus privilegios en la sociedad. Se habrá de presentar a sí misma —de forma más acentuada que hasta ahora— como comunidad voluntaria, a la que sólo se llega por una decisión libre. Como comunidad pequeña,

21

habrá de necesitar —de modo mucho más acentuado— la iniciativa de sus miembros particulares. Conocerá también, sin duda, formas ministeriales nuevas... será una Iglesia interiorizada, sin reclamar su mando político ni coqueteando con la izquierda ni con la derecha. Será una situación difícil. Porque este proceso de cristalización y aclaración le costará muchas fuerzas valiosas. La hará más pobre, la transformará en una Iglesia de los pequeños... se puede predecir que todo esto necesitará tiempo... Pero tras la prueba de estos desgarramientos brotará una gran fuerza de una Iglesia interiorizada y simplificada. Porque los hombres de un mundo total y plenamente planificado serán indefectiblemente solitarios. Cuando Dios haya desaparecido totalmente para ellos, experimentarán su total y horrible pobreza. Y entonces descubrirán la pequeña comunidad de los creyentes como algo completamente nuevo (*Fe y futuro*, 76s).

Esta afirmación del teólogo subraya entre otras cosas que entre las grietas de la nueva narrativa se filtra la luz del Evangelio. Debemos convencernos de esto: por poderoso que asome el maligno y el paganismo, su fragilidad es inmensa porque el mal es y será siempre inconsistente. El mundo a espaldas de Dios que se va abriendo paso es cada vez más, diría yo, feo, aun cuando no por feo deje de ser atractivo. Es el misterio de la iniquidad. Pero es igualmente feo. No sé si la belleza salvará el mundo, como afirmaba el escritor ruso, pero lo cierto es que la belleza atraerá a la fe. Belleza en el arte, belleza en las personas, belleza en el amor, belleza en la creación, belleza en las relaciones humanas. Lo bello que, como tensor fuerte de un puente sobre el abismo, atrae a sí la unidad, la verdad y la bondad.

Más grietas. Los padres creyeron. Los hijos abandona-
ron la fe. ¿Y qué hacen ahora los nietos? La Iglesia "flore-
cerá de nuevo y se hará visible a los hombres como patria
que les da vida y esperanza más allá de la muerte". Esa es la
fe en modo apostólico, la que es capaz de definir lo humano en su identidad, en su relacionalidad y en sus últimas
cosas. No nos engañemos: la descomposición de lo humano que esconde el ateísmo bajo sus alas no es gratis. Lo
saben los psicólogos y los encargados de la salud. Lo saben
las farmacéuticas y los productores de psicofármacos.

Para poder entrar por esas hendiduras, demasiado evidentes para ser obviadas, este librito da un paso más y
subraya la necesidad de una renovación litúrgica, sacramental y sacerdotal. Vivir el sacerdocio en modo apostólico requiere una formación sacerdotal que conozca
bien los tiempos que nos ha tocado vivir, y formen a los
candidatos en "claridad, santidad y celo apostólico". Una
liturgia cuidada, unos cantos netamente cristianos en su
letra y en su composición musical, y una vida sacramental digna garantizan la atracción del hombre de hoy, tan
necesitado de sosiego.

En quinto lugar es deseable proponerse un nuevo
modo de mirar y actuar. La misión de la Iglesia "ha asumido en la historia formas y modalidades siempre nuevas
según los lugares, las situaciones y los momentos históricos. En nuestro tiempo, uno de sus rasgos singulares ha
sido afrontar el fenómeno del alejamiento de la fe, que
se ha ido manifestando progresivamente en sociedades y
culturas que desde hace siglos estaban impregnadas del
Evangelio. Las transformaciones sociales a las que hemos
asistido en las últimas décadas tienen causas complejas,

que hunden sus raíces en tiempos lejanos, y han modificado profundamente la percepción de nuestro mundo" (Carta apostólica en forma «motu proprio» *Ubicumque et semper*). Se trata, por tanto, de pensar pastoralmente de modo sistemático como si estuviéramos en tiempos apostólicos porque, ciertamente, lo estamos. Para conseguirlo, nuestra publicación contrapone de modo sugerente la visión en modo cristiandad y la mirada en modo apostólico. Esta indicación sugiere en definitiva una nueva manera de mirar que, a mi modo de ver, es fundamental para llegar al hombre contemporáneo.

Este nuevo modo de mirar lleva a un nuevo modo de actuar. En tiempos de cristiandad podía ser útil poner énfasis en la cuestión moral y la obediencia a los preceptos éticos de cristianismo. Pensemos en nuestros padres, abuelos o bisabuelos: es lo que se traían entre manos. Qué se podía y qué no se podía hacer y, para ser justos, la mayoría de las veces agradecían esas indicaciones. En tiempos apostólicos sería un error, según este libro, tomar esos derroteros. La moral no es lo primero en la predicación, sino que en esta nueva época quizá haya que atender al drama de la existencia misma, y esto de modo sapiencial. Es necesario predicar desde la vida misma, con imágenes, no hablando tanto de lo "malo" como de lo "feo", exhortando a la belleza, dando confianza, abriendo horizontes. No se trata solo de señalar lo que está mal, sino de ayudar al que está mal, y esto mediante mil y un ejemplos. Imágenes. *Stories*, se podría decir.

Otro ejemplo iluminador de esta renovación en el modo de mirar, hacer y predicar, es el pasaje en que el autor se cuestiona por la falta de fe en la presencia real de

Cristo en la Eucaristía de gran parte de católicos norteamericanos. En un cristianismo en modo cristiandad sería
necesario incidir en la doctrina, la transustanciación, los
principios. La propuesta que aquí se recoge, sugerente, es
por el contrario introducir al hombre contemporáneo en
una vida simbólica y sacramental antes de cualquier otra
consideración. Explicar que existe un mundo invisible; de-
tallar que es agotador vivir una vida solo de tejas abajo, sin
simbolismo, sin trascendencia. El hombre contemporáneo
se sabe aplastado por lo pragmático y huye con frecuencia de muy diversos modos: desde el ejercicio físico al límite
de lo enfermizo, a las apuestas u otras prácticas de dudosa
moralidad, que ayudan no obstante a escapar de la hartura de este mundo. Si logramos que halle en lo litúrgico y
sacramental, en la Eucaristía, ese lugar de descanso tan cargado de simbolismo probablemente se encuentre con dos
verdades: la presencia de Cristo en la Eucaristía y la aplas-
tante ausencia de vida verdadera en sus modos ficticios de
evadirse de la realidad.

La sexta y última sugerencia que propongo al lector
es consecuencia de lo anterior: me refiero al paso de lo
narrativo a lo místico, porque nuestra predicación está
llamada a ser a la vez, narrativa (sapiencial) y mística (to-
cante al misterio). Esto no es solo una estrategia pastoral:
es mucho más (aunque pastoralmente sea lo más eficien-
te). Se trata, como se suele decir, de *vivir para contarlo*.
Eso es lo que llega, lo que toca los corazones, si bien resulta obvio decir que es muy importante que esa experiencia
vivida sea de gracia, sea de Dios. Lo narrativo deja paso
a la mística, es decir, a la originalidad del encuentro con
Cristo y la vida en el Espíritu: la existencia cotidiana en

25

clave de diálogo con Dios que es Padre y me ama, conscientes de que el mundo de lo invisible es infinitamente —en el sentido más estricto— más amplio que el visible. Hay un más allá incluso en el más acá. Vivir transcendiendo y contarlo con éxito. Para ello conviene tener en cuenta la visión contemporánea del mundo que esta publicación resume en seis aspectos y que habla del apartamiento de Dios, el consumo, la libertad, etc. Con ellas ha de medirse el cristiano en modo apostólico. En último término, tenemos que hacer las cuentas con un modo de pensar y ver las cosas que no hunde sus raíces en la reflexión científica sino más bien en el caos, el sentimentalismo y las corrientes de opinión.

Voy llegando al final de esta presentación. Al recorrer las páginas del libro, disfrutaremos de una buena lectura a la búsqueda de estrategias pastorales para una nueva era. Sin embargo, no me parece que esta publicación caiga en ningún momento en la tentación del éxito inmediato. La eficacia en cristiano se llama fruto, y eso a veces requiere mucho tiempo.

Nuestro mundo quiere todo en abundancia e inmediatamente, y así, poco a poco se desentiende del porqué de las cosas. Quizá esto comenzó cuando sustituimos, allá por el siglo XVIII las causas por las leyes, la realidad por las teorías que la explican. Nuestro tiempo es eminentemente práctico: queremos que las cosas funcionen y rara vez nos interesa cómo funcionan. En el plano de la física, por ejemplo, los grandes problemas siguen siendo los mismos que hace cien años. En matemáticas, más de lo mismo. Pero ambas, a nivel práctico, han evolucionado muchísimo y han dado a luz ingenios impresionantes que nos acompañan en la vida cotidiana: desde los navegadores hasta las aplicaciones de domótica, pasando por las predicciones del clima o los éxitos en automoción. Creo que no nos equivocamos si decimos que todos los saberes se han adecuado, poco a poco, a la practicidad de estos días, dejando a un lado la reflexión a medio o largo plazo.

Gracias a la informática, es posible hoy aunar una suma ingente de datos que, convenientemente relacionados, resultan muy útiles para la vida… pero no la explican. Esta forma mental contamina no pocas veces la reflexión teológica. Al pensar en estrategias pastorales podemos caer en esta misma tentación. Eficaces al instante, muchos ya. Generamos estilos, modelos, procesos que parecen ir bien a corto plazo, y podemos vernos envueltos de una emoción poco reflexiva de ceder a la implantación masiva de aquello que nos parece que funciona. De algún modo nos vemos afectados por la urgencia superficial de los tiempos modernos, y no caemos en la cuenta de lo estupendo que es pensar el porqué de las cosas, y razonar sin el tiempo tasado, sin prisas, al ritmo de primer cristiano, pobre pero creyente. Tengo la impresión de que esta publicación camina en esa dirección y, por eso mismo, es un manual de instrucciones, no tanto para recoger, sino para sembrar con paciencia y esperar, a su tiempo, una magnífica cosecha de dones divinos.

FULGENCIO ESPA FECED
En la fiesta de san Atanasio
Segovia, 2 de mayo de 2025

PREFACIO

Hermanos y hermanas: No estamos
más en la cristiandad.

Papa Francisco *(a la curia romana)*

Escribo estas palabras desde el silencio y la reclusión de
treinta días de retiro en la ciudad de Jerusalén. Por la ventana de mi habitación puedo ver el amanecer sobre el monte
Sion y la abadía benedictina de la Dormición de María.

Hay sitios en Sion que no alcanzo a divisar desde aquí.
Escondida tras la abadía, a la sombra del resplandor de la
mañana, se encuentra la cámara que, según se cree, alber-
ga la tumba del rey David, el amado de Dios. Y subiendo
una escalera adyacente está el cenáculo, la estancia superior que fue escenario de la Última Cena y de Pentecostés,
y el lugar de nacimiento de la Eucaristía y de la Iglesia.

En torno al cenáculo se reunía la primera generación de cristianos; y cuentan que allí volvieron para
establecerse en sus aledaños tras la destrucción de Jerusalén en el año 70 d. C., cuando los restos de la Ciudad
Santa eran poco más que un campamento de la Décima
Legión romana.

En ellos pienso: en esos valerosos hombres y mujeres de fe, tan enamorados del Señor Resucitado, que hicieron llegar el Evangelio a toda la tierra. Vivían en medio de un montón de cenizas, con el Templo reducido a un cúmulo de piedras gigantescas y todo un mundo hostil a su fe y a su modo de vida. Aun así, ardían de esperanza, porque tenían al Espíritu Santo.

Inmerso en estos días de retiro y con la mente animada por estos recuerdos, he emprendido una vez más la lectura del manuscrito que ahora os confío. Es fruto de los largos debates mantenidos por un grupo de buenos amigos que aman a Cristo y a la Iglesia, y que han reflexionado en común acerca de las circunstancias en que nos encontramos ahora quienes creemos en Jesús.

En 1974 el arzobispo Fulton Sheen dijo en una de sus conferencias: «Estamos al final de la cristiandad. No del cristianismo ni de la Iglesia, sino de la cristiandad. ¿Y qué significa la cristiandad? La cristiandad es una vida económica, política y social inspirada en los principios cristianos. Eso está terminando; lo hemos visto morir». Y continuaba diciendo: «Son días grandes y maravillosos los que vivimos... No es un panorama sombrío: es el panorama de la Iglesia en medio de la creciente oposición del mundo. Y, por eso, hay que vivir plenamente conscientes de esta hora de prueba y pegados al corazón de Cristo».

Una hora de prueba que nos llama a recuperar para nuestra época la mentalidad apostólica y la vibrante esperanza de esos primeros cristianos del cenáculo. Las reflexiones y las tesis de este ensayo quieren servir de fraternal aliento y de ayuda a quienes se han comprometido en esta misión. Solo puedo decir agradecido que, siempre que ha sido esta la visión que ha guiado nuestra tarea con los alumnos de la Universidad, hemos visto frutos abundantes.

¡Alabado sea Jesucristo!

JAMES SHEA
Rector de University of Mary

*En Jerusalén, 11 de julio de 2019,
festividad de san Benito,
padre del monacato occidental,
patrón de la Europa cristiana.*

INTRODUCCIÓN

«No estamos en una época de cambios,
sino en un cambio de época».

Documento de aparecida
Consejo Episcopal Latinoamericano y del Caribe

Desde que fue fundada por Cristo, la Iglesia se ha visto permanentemente envuelta en controversias e inmersa en una batalla. No ha habido momento en que Aquel que vino como luz en medio de la tiniebla para instaurar un reino de verdad y de amor no haya contado con la oposición de la tiniebla. La luz continúa brillando: viene de Dios y la tiniebla no la vencerá (cf. Jn 1). Pero el alcance de esa luz, el modo en que se difunden sus rayos, la clase de oposición que encuentra y, por lo tanto, los medios que emplea para seguir brillando y ampliar su influencia varían según el espacio y los tiempos. De ahí la importancia de que quienes son miembros del cuerpo de Cristo, quienes comparten su vida divina y están llamados a ser la luz del mundo (cf. Mt 5), reflexionen sobre el tiempo en el que viven y diseñen unas estrategias pastorales y evangelizadoras acordes con él.

Esa es la tarea de cualquier generación. No obstante, cuando las estructuras sociales y la influencia de la Iglesia en las sociedades en las que habita son relativamente estables, es posible que las relaciones y las estrategias sigan siendo válidas durante mucho tiempo. En época de cambios la Iglesia debe estar atenta a los medios que emplea en su batalla de gracia para asegurarse de no estar librando una «guerra del pasado», valiéndose de estrategias que por una u otra razón han quedado obsoletas y ya no son eficaces. Este deber se hace aún más urgente en lo que podríamos denominar un *cambio de época*. Y ese es el momento que vivimos ahora. Vemos cómo están cambiando las estructuras y las relaciones que han permanecido vigentes durante mucho tiempo, y a veces con una rapidez asombrosa.

En la Iglesia se ha hablado mucho de la «nueva evangelización». El primero en formular esta idea fue el papa Pablo VI al señalar que Europa se había vuelto a convertir en tierra de misión. La idea cobró un impulso significativo con el papa Juan Pablo II, quien se refirió a ella con frecuencia. El papa Benedicto XVI creó un dicasterio vaticano para la nueva evangelización, una expresión que se ha acabado convirtiendo en una especie de cliché. La rapidez con que ha arraigado la idea de una nueva evangelización revela que existe una percepción generalizada de la necesidad de una estrategia diferente. Aun así, con bastante frecuencia no se llega a entender del todo el significado de la expresión. Existe —o debería existir— una noción clara de lo que es la evangelización, pero ¿por qué «nueva»?

Entre otras cosas:

Nos encontramos ante la primera cultura de la historia que en su día fue hondamente cristiana y que, a través de un lento y minucioso proceso, se ha ido desprendiendo conscientemente de su fundamento cristiano. En nuestra sociedad son muchos —incluidos bautizados que han crecido teniendo cierto contacto con la fe— los que piensan que han visto lo suficiente del cristianismo para comprender que este tiene poco que ofrecerles. Por eso lo que se pretende no es la conversión de los paganos; el reto es otro y más complicado: el retorno a la Iglesia de quienes, lo sepan o no, han caído en manos de la apostasía. En una ocasión, C. S. Lewis describió esta diferencia como la que existe entre el hombre que corteja a una joven soltera y el que pretende que una divorciada escéptica retome su matrimonio. El hecho de que muchos de los que han abandonado el cristianismo y han interiorizado un concepto del mundo totalmente distinto todavía se sigan llamando cristianos complica aún más la situación.

Por otra parte, nos hallamos inmersos en una revolución tecnológica que ha transformado radicalmente el modo de la vida de la gente y que, al parecer, todavía nos tiene reservados efectos de más largo alcance sobre la vida humana. Esta transformación va mucho más allá de las patentes diferencias en los detalles de la existencia física: automóviles en lugar de caballos, luz eléctrica y calefacción central en lugar de lumbre y velas, y teléfonos, televisiones y ordenadores como elementos habituales de la vida. El cambio descomunal que estos y otros desarrollos tecnológicos han aportado a la estructura diaria de la vida ejerce un impacto sobre todos los aspectos de la personalidad humana y sobre todas las relaciones sociales; un impacto demasiado profundo quizá para abarcarlo en su totalidad. Nuestro modo de vernos a nosotros mismos, el mundo natural y a nuestras familias, nuestro trabajo, nuestra estructura mental y emocional, lo que esperamos de la vida…: todo ha sufrido un cambio radical. Los elementos e instrumentos de ese cambio son bien conocidos. Los avances en el transporte, en la información y en las tecnologías de la comunicación, en los medios de entretenimiento y en la producción han cambiado tanto nuestro modo de ser que los modos de conciencia y el ritmo de vida diario de una persona de hace cien años están más cerca de los tiempos de Cristo que de los nuestros. El desarrollo tecnológico ha traído aparejado además, y muchas veces de forma inadvertida, un ataque contra la naturaleza humana. Las nociones tanto tiempo vigentes acerca de lo que significa ser hombre se ven amenazadas.

Este extraordinario desarrollo de las ciencias aplicadas, sobre todo en el campo de la tecnología electrónica, ha acarreado una explosión sin precedentes de imágenes e información que asedia la mente de los individuos, incluida la de los niños, y que va acompañada de determinadas ideas de cómo alcanzar el éxito y de lo que significa una buena vida. Quien habita el mundo moderno se ve constantemente acosado y engatusado por mensajes de toda clase, por sistemas de salvación y caminos a la felicidad envueltos en un ropaje sumamente atractivo, pero muchas veces decepcionante.

Como puede apreciarse, las principales batallas a las que se enfrenta nuestra cultura son de carácter intelectual. Algo que puede quedar oscurecido por el carácter indiscutiblemente moral de algunas de ellas, pero no por ello menos cierto. Todas las épocas han sufrido la honda tentación de la inmoralidad sexual; la nuestra

se ha encargado de construir una sofisticada justifica-
ción intelectual del libertinaje sexual. Todas las épocas
han conocido la tentación de ser crueles con los niños
cuya existencia resulta molesta a los adultos a cargo de
ellos; solo la nuestra ha desarrollado un modo de pensar
que hace aceptable el asesinato de un niño y que llega
a convertirlo en un acto moralmente bueno cuando se
inscribe en la lucha por la autonomía personal. Todas las
épocas han sido víctimas del orgullo y la ambición humanas; solo en la nuestra ha desarrollado el ser humano
tecnologías y actitudes centradas en reproducir genética y
robóticamente al hombre desde sus fundamentos. Todas
ellas son heridas intelectuales, y quienes aspiran a dirigir
una llamada cristiana a los miembros de las sociedades
modernas necesitan diseñar un contraataque intelectual.
Con «intelectual» no queremos decir fundamentalmente
«académico». El deterioro de los fines (y la formación técnica) de nuestras instituciones académicas impide esperar
de ellas mucha sabiduría o mucha luz; por diversas razones, es posible que tiendan a deformar antes que a ilumi-
nar las mentes de quienes caen bajo su influencia. Lo que
se necesita es la clase de vida intelectual que caracterizó
a la Iglesia de los primeros siglos, una vida que en mayor
o menor medida poseía cualquier cristiano. No se trata
exclusiva ni fundamentalmente de títulos universitarios,
sino de la conversión de la mente a una visión cristiana de
la realidad y de estar dispuestos a vivir lo que se deduce
de esa visión. Se necesita un relato cristiano convincente
que se oponga a la visión secular y que ayude a los cristianos a distinguir y evitar los falsos evangelios. Es necesaria
una re-articulación de la verdad capaz de proporcionar

una salida de la precariedad a quienes languidecen a causa de la malnutrición de la dieta espiritual moderna.

No debería sorprendernos —y, de hecho, sería lo esperable— que la Iglesia, la cual, aun siendo poseedora de una antigua tradición y de una fe inmutable, no deja de ser la institución más joven y nueva de este mundo en virtud de la presencia siempre renovada del Espíritu Santo, tenga el deber de responder a una situación inédita con nuevas formas de vida y nuevas estrategias misioneras para conquistar la época contemporánea con sus verdades perennes. Eso es lo que ha hecho siempre la Iglesia conforme a las necesidades del momento.

Este ensayo es un intento de contribuir a que calen en nuestra época y en nuestra cultura una pastoral y unas estrategias evangelizadoras eficaces.

I.
EL PAPEL DEL IMAGINARIO DOMINANTE EN LAS CULTURAS HUMANAS

Toda sociedad humana posee un imaginario moral y espiritual más o menos sólido: un conjunto de supuestos y un modo de ver las cosas que en general se dan por sentados y no se someten a debate. Estos supuestos básicos configuran la atmósfera que respiran los miembros de esa sociedad y el terreno en el que arraigan y crecen sus distintas instituciones. Se trata de una visión holística, de una forma de ver las cosas. Normalmente cuenta con el respaldo de una religión que ordena las cuestiones de fondo, pero incluye algo más que lo que solemos denominar religión: no solo un código moral, sino también un ideal aceptado de lo que es ser buena persona, unas categorías precisas del éxito y del fracaso, unos valores y unas prácticas económicas y políticas, unos códigos legales y una política pública, unos modos y unos medios de entretenimiento. Esta visión no es propiedad exclusiva de quienes han recibido una educación especial, sino de toda la sociedad. Hay quienes la entenderán y serán capaces de articularla mejor que otros, pero todos la poseen. En una civilización pujante ese imaginario se encuentra más o menos consolidado y se asume más hondamente y de un modo más inconsciente cuanto más tiempo lleva consolidado. Cuando la visión de una cultura encuentra una fuerte oposición, la sociedad entra en crisis hasta que la visión original o bien se reconstruye o bien se destruye y se sustituye por otra visión dominante.

Que esa visión se conozca como «imaginario» no quiere decir que sea una «fantasía». El término «imaginario» alude más bien a la capacidad propia del hombre de conservar en la mente muchas cosas que no están en su entorno inmediato. Los animales se rigen por el tiempo y los sentidos; su mundo se circunscribe a lo que se presenta a sus sentidos en cada momento. El ser humano, sin embargo, es capaz de trascender las circunstancias inmediatas del tiempo y el espacio y de portar en su mente todo un mundo, de retroceder al pasado y de proyectarse hacia el futuro, de abarcar otros espacios y ser consciente incluso de las realidades invisibles. Por eso se dice que cada persona es un «microcosmos» dentro del universo; y es que cada uno de nosotros lleva en su interior todo un cosmos y sopesa cómo actuar de acuerdo con las características de ese cosmos. Buena parte de lo que significa una conversión de la mente consiste en recibir y asumir el imaginario cristiano del cosmos: ver la totalidad del mundo conforme a la revelación recibida en Cristo y actuar en coherencia con esa visión.

Lo normal es que la mayoría de los miembros de cada sociedad asuma ese imaginario sin demasiada dificultad y muchas veces de forma inconsciente. Mientras que una minoría vela celosamente por la conservación de las verdades y las prácticas que integran esa visión dominante, la mayoría les presta poca atención y se deja llevar por la corriente dominante. Son pocos, sin embargo, los que se oponen a ella abiertamente.

Veamos un ejemplo concreto: en Estados Unidos, la democracia entendida como forma de gobierno y como ideal de vida forma parte de nuestra visión heredada. A la mayoría de los norteamericanos les cuesta imaginar un sistema de gobierno o un modo diferentes de ver las cosas: si se nos ocurriera sugerir que nos iría mejor siendo una monarquía, comprobaríamos el recorrido que tiene esa sugerencia y si habría alguien que se la tome en serio. El número de los que comprenden realmente qué significa la democracia y cuáles son sus posibilidades y sus riesgos, así como los medios para instituirla y conservarla, es relativamente pequeño, pero prácticamente todo el mundo la asume y organiza su vida bajo su influencia. Lo mismo se podría decir de nuestra visión de la importancia de la educación, la prioridad de la salud física o el imperativo ético de la preocupación por el medioambiente. Son muchos los que no persiguen con demasiado vigor estos ideales y, sin embargo, los asumen. Aunque no les den mucha importancia, tampoco proponen una visión distinta.

Las fuentes de la visión dominante de una sociedad concreta son muchas: la religión, las corrientes filosóficas, las tradiciones derivadas de costumbres arraigadas y la experiencia social y política que se ha ido decantando con el tiempo, así como las influencias lingüísticas, geográficas y artísticas. Cabe destacar que esta visión holística, tanto si es propiedad de una sociedad como de un grupo de personas dentro de una sociedad más amplia o de un individuo, constituye la base de *acción* de esa sociedad, de ese grupo o de ese individuo. Los principios filosóficos o religiosos de esa visión no tienen por qué ser —y a menudo no lo son— plenamente coherentes; quizá no pueda desglosarse en un conjunto de afirmaciones ni exponerse como un programa congruente que rige una vida o una sociedad determinadas. Lo importante es que conforme una visión general conjunta que brinda al individuo y a la sociedad un fundamento para avanzar, para tomar decisiones, para optar por un camino en lugar de otro. Su poder reside en su capacidad de mantener unido a un mundo con un relato más o menos convincente. Quienes optan por una manera de obrar determinada por lo general no saben por qué su decisión les resulta tan obvia; se encuentran bajo la influencia de una serie de principios fundamentales que con frecuencia se hallan recluidos en su mente y que los mueven a actuar sin cuestionárselos.

Por describirlo de otra manera, se podría decir que cada sociedad, cada grupo dentro de una sociedad y cada individuo cuenta con un relato interior que le proporciona un significado y una orientación. Como criaturas que se abren camino en el espacio y en el tiempo y que son por naturaleza seres históricos con un pasado y un futuro, los seres humanos nos vemos necesariamente involucrados en una u otra historia y no podemos evitar construir un relato que nos proporcione una brújula y unos indicadores para el camino. Sin duda, hay relatos mejores y peores, y con el paso del tiempo se pueden ir revisando y desarrollando; pero nadie puede funcionar sin uno u otro relato, por mucho que quiera o que afirme hacerlo. En la mayoría de los casos ese relato personal se asume, a menudo de forma inconsciente, a partir del imaginario dominante en la sociedad. A medida que pasa la vida, conforme al modo de pensar y a las circunstancias, habrá quien someta a un examen detallado distintos aspectos de esa visión heredada y, o bien la consolide aún más y la entienda mejor, o bien la adapte y la enmiende, y a veces incluso la descarte del todo para adherirse a una visión y a un relato distintos. Pero por lo general el imaginario dominante nunca llega a cuestionarse, porque ni siquiera se conoce su existencia. No es tanto algo que se ve como algo *a través de lo cual* se ve todo lo demás. Si acaso, no es más que algo *evidente por sí mismo*.

Si insistimos en la existencia de una visión o un relato dominante tan generalizadamente inconsciente no es para lamentarnos de ella: las cosas son así. Solo una pequeña minoría dispone del tiempo, los recursos y el talento para desgranar con detalle los fundamentos de la vida de una sociedad o incluso de la vida del individuo. Pero todo el mundo necesita actuar. Una de las funciones positivas de las tradiciones y las prácticas culturales de todo tipo —tanto religiosas como nacionales o familiares— es que aportan a los nuevos miembros una visión contrastada de la vida en su conjunto, proporcionándoles criterios previos acerca de lo que es un éxito y lo que es un fracaso, y acerca de lo que hay que tener en cuenta a la hora de tomar decisiones y, en definitiva, de actuar.

En las encuestas se suele preguntar si las cosas en general van por buen o por mal camino. La vida en mi país, o la vida en el mundo ¿mejora, empeora o sigue más o menos por el estilo? La respuesta a esta pregunta encierra siempre determinada visión global con su relato correspondiente, sin los cuales no habría posibilidad de respuesta. Quien ve como principal argumento de la vida un combate por el éxito económico y todos sus planes dependen de la posibilidad cada vez mayor de aumentar sus bienes y su seguridad económica responderá a esta pregunta basándose en variables económicas; si la riqueza va en aumento y las posibilidades de que siga aumentando en el futuro parecen favorables, las cosas van bien; si la bolsa baja, si los mercados son débiles y sube la inflación, las cosas van mal. Quien ve el mundo como un campo de batalla en el que se libra un combate por la libertad individual responderá a la pregunta basándose en factores como el éxito o el fracaso de la democracia tanto en nuestro país como en el mundo en general, o en el grado creciente de protección o de vulneración de la libertad individual. Quien ve la trama fundamental de la vida como un proceso evolutivo que exige una gestión adecuada del ecosistema que garantice el futuro desarrollo de la raza humana se centrará en temas como la contaminación, el cambio climático o el empleo sostenible de los recursos. Aquel cuyo relato incluya la revelación de una batalla cósmica por las almas librada entre Dios y el demonio responderá a la pregunta de acuerdo con el avance o el retroceso del cristianismo.

Lo mismo ocurre en el plano individual. Cada vez que se le pregunta a alguien algo tan normal como «¿qué tal?, ¿cómo te va la vida?», la respuesta dependerá del relato asumido e inscrito dentro de una visión global de la vida;

44

una visión que explica el significado del éxito o el fracaso personales y el modo de evaluarlos.

Se puede comprobar que un relato ha sido asumido, tanto por un individuo como por la sociedad en su conjunto, cuando una afirmación o un modo de actuar determinados o bien quedan sancionados o bien quedan desautorizados sin un debate en profundidad, aunque a otros individuos o a otras sociedades no les resulten evidentes por sí mismos. Por poner unos cuantos ejemplos de actualidad: en Estados Unidos la esclavitud es un mal evidente por sí mismo; nadie lo discute. La sugerencia de que la esclavitud es en términos generales algo bueno o, cuando menos, algo neutro y necesario no daría pie a discusión alguna; quedaría inmediatamente descartada a pesar de que muchas sociedades humanas, incluidas algunas aún existentes, la encuentran justificable. Por otra parte, a día de hoy nos vemos obligados a debatir ideas y prácticas cuyo valor (o cuya falta de valor) a muchas sociedades les parece evidente por sí mismo y no las someten a debate, como sucede con el aborto o el matrimonio homosexual. Lo cual no quiere decir que esas cuestiones sean moralmente arbitrarias o que no valga la pena una prudente reflexión acerca de ellas, o que no pueda o no deba haber argumentos a favor de una u otra visión; quiere decir que, para una mayoría, los argumentos no son la principal base de actuación. Cuando un determinado modo de pensar o de actuar forma parte del imaginario colectivo, se asume como evidente por sí mismo. Los argumentos, si es que los hay, se esgrimen para respaldar una visión previamente asumida y cualquier oposición tiende a ser ignorada, ridiculizada o silenciada.

45

Durante mucho tiempo uno de los principales objetivos de la tradición educativa occidental ha consistido en liberar la mente (de ahí las artes «liberales», las artes que hacen libre) no del relato dominante —cosa no deseable y además imposible—, sino de los supuestos no sometidos a discusión que pueden hacer que un relato dominante sea irracional o incoherente. La crisis que esa educación vive en la actualidad es la causa de que muchas veces nos encontremos con personas o con grupos de personas, a menudo muy «instruidas», claramente ignorantes de sus visiones dominantes y de los supuestos con que abordan las cuestiones diarias y, por ese motivo, poco capaces de someter dichos supuestos a la clase de examen que podría clarificarlos y librarlos de la irracionalidad. Ese papel esclarecedor es una de las tareas de la razón con respecto a la fe. La fe proporciona a la raza humana un relato general que parte de Dios: quiénes somos, quién es Dios, qué quiere de nosotros, cómo hemos llegado a esta situación, qué va a hacer Dios con ella, qué nos espera en el futuro y, por lo tanto, cómo hemos de vivir. La razón evita que ese relato derive en superstición, en prejuicios o en incoherencia, de tal manera que sea capaz de proporcionarnos una base cierta y buena para manejar la vida.

EL MODO DE INTERACCIÓN APOSTÓLICO Y EL MODO DE INTERACCIÓN CRISTIANO

Cuando en una sociedad determinada prevalece el relato cristiano de la historia humana y su correspondiente orden moral hasta el punto de dotar a esa sociedad —mayoritariamente al menos— de una visión dominante, lo que surge puede recibir el nombre de «cultura de la cristiandad». Hay quien emplea el término «cristiandad» para referirse a la sociedad de un Estado confesional en el que la Iglesia ha quedado oficialmente establecida (la Inglaterra medieval, por ejemplo). Aquí nos referimos a algo más amplio. Una sociedad de la cristiandad es la que avanza al amparo de un imaginario y un relato que emanan del cristianismo, sea cual sea la política concreta en lo relativo a su oficialidad.

Cuando surgió el cristianismo, Israel, el pueblo elegido por Dios, se movía en el entorno de una cultura helenística sofisticada y con un imaginario dominante propio; un entorno con el que la Iglesia cristiana vivió en mayor o menor conflicto durante sus tres primeros siglos. A lo largo de ese tiempo, funcionó con un modo de interacción apostólico, es decir, la Iglesia fue abriéndose paso en contra de la corriente mayoritaria de la sociedad y se vio obligada a articular y a mantener una visión contraria y distinta. Quienes se incorporaban a la Iglesia hacían algo más que abrazar un conjunto de principios morales o de afirmaciones doctrinales: su mente y su imaginación debían experimentar una honda conversión para verlo *todo* de un modo distinto. El siglo IV fue testigo de un cambio de rumbo cuando la Iglesia primero impugnó y más tarde sustituyó esa visión clásica original, incorporando a su propio pensamiento buena parte del patrimonio cultural de la Antigüedad. A partir de entonces la civilización occidental fue, en mayor o menor medida, un conjunto de sociedades cristianas. Eso no significa que la mayoría de los miembros de esas sociedades fuesen cristianos claramente comprometidos; significa que existía una aceptación generalizada de las verdades cristianas fundamentales y una asimilación de la visión del mundo y del relato cristianos en torno a los cuales se aglutinaban las instituciones cristianas.

Cabe insistir en que llamar «cristiana» a una sociedad de ese tipo no significa que sus miembros fueran mayoritariamente cristianos coherentes o bien formados; de hecho, es probable que nunca haya existido una sociedad humana de esas características. De ahí que todos los santos de la cristiandad se hayan manifestado siempre y con tanta urgencia en contra de la falta de una fe sincera. Los santos no han sido extremistas irracionales aferrados a unos estándares excesivamente rigurosos ni soñadores románticos despegados de la realidad humana, sino que se han dado cuenta de que, aunque las principales instituciones de sus sociedades vivían bajo la influencia del cristianismo, existían movimientos contracorriente y la mayoría de los miembros de esas sociedades distaban mucho de vivir como cristianos coherentes y convencidos. Los santos veían cómo muchos de los que se hacían llamar cristianos eran en realidad una versión diluida del cristianismo.

La presencia de una visión cristiana asumida explica también por qué la predicación en contextos cristianos de un Bernardino de Siena, un Vicente Ferrer, un Savonarola o un John Wesley era tan eficaz y por qué pueblos y ciudades enteras hacían suyo ese mensaje y la vida social quedaba (temporalmente) transformada. La inmediata y abrumadora respuesta al discurso del predicador demuestra —además de la gracia de Dios— que sus oyentes compartían sus supuestos básicos, presentes en ellos aunque a menudo dormidos. En sus corazones resonaba una llamada efectiva a abrazar ese mensaje con más seriedad: se trataba de despertar unas verdades adormecidas, de hacer real lo que muchas veces era solo teórico, de llevar a plenitud lo que había quedado mutilado o corrompido.

En este sentido, cabe señalar las diferentes respuestas frente al Evangelio recogidas en los Hechos de los apóstoles, donde hay tres ejemplos de predicación que ilustran este principio de manera práctica: la predicación de Pedro a los judíos justo después de Pentecostés (Hch 2, 14-42), la predicación de Pablo y Bernabé a la multitud pagana de la ciudad de Listra (Hech 14, 8-18) y la predicación de Pablo a los atenienses en el areópago (Hch 17, 22-32).

En cuanto a la primera, los judíos eran un pueblo religioso con un imaginario similar al de Pedro, un judío más. Saben a qué se refiere Pedro cuando habla de «Dios», del cielo y el infierno, del pecado y el arrepentimiento, la profecía y la providencia, la Alianza y el Mesías. Aunque la proclamación del Evangelio viene a añadir algo de vital importancia para la mentalidad judía, asume una visión ya existente y se construye sobre ella. Las palabras de Pedro hallan eco en el hondo sustrato mental de sus oyentes y en un solo día se convierten tres mil personas. Y, una vez convertidos a la fe en Cristo, los nuevos creyentes no tienen necesidad de asumir un modo totalmente diferente de ver el mundo: de hecho, son bien recibidos en la joven Iglesia y se integran en ella con relativa rapidez como buenos creyentes. La oposición que encuentra la predicación del Evangelio por parte de algunos judíos demuestra que entienden lo que se dice y lo que está en juego. Buena parte de ella se da por sentada; para los judíos la clave está en si ese Jesús de Nazaret es o no el Mesías prometido. Un patrón similar a este es el que observamos a lo largo del libro de los Hechos cuando Pablo predica en las sinagogas judías o entre gente temerosa de Dios. Las cosas se entienden enseguida y, tanto si el mensaje se asume como si se rechaza (o una mezcla de ambas cosas), a Pablo no le cuesta hacerse comprender por sus oyentes. Lo mismo puede decirse de la conversión del propio Pablo. Su capacidad de empezar a predicar el cristianismo en cuanto reconoce a Cristo como el Mesías obedece a su comprensión de todo el imaginario y el relato judíos que los cristianos han conservado.

La acogida del ministerio de Pablo y Bernabé en el segundo ejemplo es muy distinta. Al parecer, Listra era una ciudad de creyentes paganos en la que estaba en auge la visión del mundo de la mitología griega. Después de la predicación de Pablo y de la curación de un cojo, la multitud de la ciudad se queda conmovida e impresionada, pero interpreta lo que ha visto y oído a través de la lente de la visión pagana que tiene asumida y está convencida de que los dioses Zeus y Hermes han bajado en figura de hombres. Pablo y Bernabé se quedan consternados y a duras penas logran evitar que la multitud les ofrezca un sacrificio: una respuesta muy diferente de la de los judíos en Pentecostés. Si ese día se hubieran convertido tres mil paganos devotos, para llamarse en justicia cristianos tendrían que haber sufrido un cambio de mentalidad mucho más hondo que los judíos.

En el areópago, por último, Pablo se enfrenta a un imaginario del mundo distinto, gobernado por las escuelas filosóficas de las que Atenas era su célebre cuna. Pablo se plantea su misión de un modo diferente para poder adaptarse a una visión del cosmos elaborada y filosóficamente crítica. La respuesta que recibe coincide con los supuestos del entorno: hay una respuesta, pero es menos inmediata y entusiasta que en cualquiera de los otros dos escenarios. Pablo suscita entre algunos de sus oyentes cierta actitud burlona que, pese a no resultar sorprendente entre intelectuales refinados y escépticos en materia de religión, no es tampoco la que muestran los judíos creyentes ni los paganos adoradores de Zeus.

Quedémonos, pues, con los dos modos básicos de interacción del cristianismo con las sociedades humanas: el modo apostólico y el modo de la cristiandad. El primero consiste en enfrentarse a la sociedad con una visión global del mundo muy distinta y que le es propia; el segundo es su modo de actuar cuando el cristianismo se encuentra con un terreno previamente abonado del que brotan los supuestos básicos de la sociedad. Este planteamiento resulta, evidentemente, demasiado simplista: las sociedades humanas son dinámicas y el grado en que el cristianismo configura la cultura y la visión de una sociedad nunca llega a ser pleno ni estático. Aun así, puede resultarnos de utilidad para tomar ambos modos como «tipos ideales» que nos permitan ahondar en la mejor respuesta que ofrecer a la matriz cultural en la que nos movemos hoy en día.

II.
CRISTIANO Y APOSTÓLICO:
VENTAJAS Y DESAFÍOS

La Iglesia no se siente dispensada de prestar una atención
igualmente infatigable hacia aquellos que han recibido la fe
y que, a veces desde hace muchas generaciones, permanecen
en contacto con el Evangelio. Trata así de profundizar,
consolidar, alimentar, hacer cada vez más madura la fe
de aquellos que se llaman ya fieles o creyentes,
a fin de que lo sean cada vez más.

PAPA SAN PABLO VI. *Evangelii nuntiandi,* 54.

Si, por una parte, el cristianismo ha encontrado en Europa
su manifestación más eficaz, por otra parte hay que decir
también que en Europa ha tomado cuerpo una cultura que
se presenta como la contradicción absoluta y más radical
no solo del cristianismo, sino también de las tradiciones
religiosas y morales de la humanidad.

PAPA BENEDICTO XVI. *Conferencia en Subiaco.*

SI BIEN UN CONTEXTO CRISTIANO proporciona a la Iglesia
ciertas ventajas, también conlleva ciertos desafíos y abre
la puerta a algunas tentaciones. Lo mismo sucede con un
contexto apostólico o misionero. Con ambos ha tenido

que lidiar la Iglesia en distintos momentos y lugares. La clave está en comprender el propio tiempo y desarrollar una estrategia pastoral y evangelizadora adaptada al entorno espiritual y cultural dominante. Antes de analizar cuáles podrían ser las características de dicha estrategia, conviene concretar más detalladamente estos dos tipos ideales.

ACERCA DE UNA CULTURA CRISTIANA

La cristiandad es fruto del éxito de la actividad misionera de la Iglesia a la hora de ganar conversos y de infundir vida a la cultura mayoritaria. Es evidente que una sociedad cristiana conlleva mucho bien. Solo puede ser bueno que una cultura humana esté más alineada que menos con la verdad y la bondad de Dios. Solo puede ser conveniente que al Señor de cielos y tierra se le reconozca como tal y que los signos de su presencia y las expresiones de su ley configuren la vida humana. En la medida en que una sociedad humana se fundamente sobre la verdad cristiana y sus miembros abracen voluntariamente esa verdad, y en la medida en que su visión del cosmos coincida con el modo en que Dios ve las cosas, esa sociedad y sus individuos habrán vencido la ignorancia y estarán alineados con la realidad.

En una cultura cristiana la primera necesidad consiste en mantenerse, en el sentido más positivo de la palabra. En esos momentos el cristianismo conserva su preeminencia en las instituciones clave de la sociedad y domina el relato global. Retomando las palabras del papa Pablo VI antes citadas, su misión consiste en «profundizar, consolidar, alimentar, hacer cada vez más madura la fe de aquellos que se llaman ya fieles o creyentes». En épocas así, la Iglesia bautiza a un gran número de instituciones sociales y funda otras para después luchar por mantener e intensificar su influencia. La tarea nunca ha sido fácil; el cristianismo no casa bien con el mundo caído y son muchas las fuerzas, tanto humanas como espirituales, que trabajan sin descanso para socavar y acabar con la influencia de Cristo sobre la humanidad, tanto individual como colectivamente. La tendencia que lleva a reducir el Evangelio o a incorporarlo a creencias y prácticas culturales no cristianas es una presencia constante y corrosiva, específica en cada momento y lugar, y que suele operar sutilmente. Con demasiada frecuencia, la sociedad hace suyos muchos elementos genuinamente cristianos y se hace llamar verdaderamente cristiana, negando al mismo tiempo el núcleo de la fe. El ser humano caído siempre está dispuesto a hacer un ídolo de lo visible al tiempo que olvida otras realidades invisibles más importantes. La cristiandad no es un Estado societario conquistado de una vez para siempre, sino un ideal nunca alcanzado plenamente que necesita ser constantemente renovado, fortalecido y enmendado. Llevar a cabo esa misión con acierto ha requerido su propio heroísmo, como han dejado patente las vidas y las enseñanzas de todos los santos de la cristiandad.

Una sociedad cristiana fomenta los grandes logros culturales. En épocas así, el cristianismo deja su sello en las instituciones educativas, jurídicas y de gobierno; ejerce su influencia sobre el arte, la arquitectura y la literatura. Cuando el ideal cristiano penetra en el terreno de la sociedad, el resultado es una notable fecundidad cultural. En una sociedad de este tipo sus instituciones y sus manifestaciones se desarrollan casi inconscientemente, con una fuerza y una unanimidad características que parecen casi misteriosas. Cuesta dar una explicación histórica convincente de por qué, por ejemplo, la esclavitud fue desapareciendo poco a poco de Occidente, o del surgimiento de las universidades o el inicio del desarrollo de los parlamentos. Hay algo misterioso en el modo en que en una ciudad tras otra fueron alzándose las catedrales góticas, en cómo fueron brotando casi de manera espontánea hospitales, orfanatos y otras iniciativas benéficas, o en cómo fueron creciendo las ciudades casi como objetos orgánicos surgidos de una roca viva, con un alma rectora siempre evidente y muchas veces no explícita. Estos y otros muchos desarrollos culturales fueron el resultado de supuestos culturales hondamente arraigados y de una visión integral del cosmos que los líderes culturales, los artistas y los artesanos intuían y a los que conferían una forma material e institucional. Y, una vez fundadas, esas instituciones tendían a la longevidad y se desarrollaban a lo largo de siglos y generaciones, adquiriendo una profundidad cultural y una autoridad significativas.

En las sociedades de la cristiandad las leyes fundamentales y la base del pensamiento moral hunden sus raíces en la verdad cristiana; lo cual es una ventaja por muchas razones, y en particular para la vida de familia y la educación de los hijos. Si el buen ejemplo y las influencias positivas se encuentran fácilmente disponibles y los ideales de la sociedad claramente establecidos —si no unánimemente perseguidos—, los cristianos pueden contar con el respaldo de la cultura global. Lo que los padres cristianos enseñan a sus hijos coincide con los ideales planteados por los poderes de esa sociedad. Para quienes crecen bajo la influencia de una visión cristiana, esta tenderá a formar parte de su estructura mental. Cuando los fundamentos de la fe se convierten en los principios básicos del pensamiento y la conducta, acaba predominando una sintonía instintiva con la verdad cristiana, que apenas hay necesidad de argumentar.

En la cristiandad los creyentes disfrutan de paz en lo relativo a la fe. Aunque esa paz puede alimentar cierta autocomplacencia, no deja de ser objetivo una vida en paz y en libertad de culto, y fundando y desarrollando instituciones que honran a Cristo sin tener que mantener una batalla constante. De alguna manera, la hostilidad del mundo de las tinieblas se mantiene a raya.

En la cristiandad los beneficios del gobierno de Dios se propagan al exterior, permitiendo que cierta bondad permee el conjunto de la sociedad. Pese a los muchos pecados y defectos de los cristianos, la presencia de Cristo apacigua la vida humana. Por lo general las personas son más felices.

Con todo, la cristiandad conlleva también retos difíciles derivados en parte de sus éxitos. Cuando el cristianismo se convierte en la principal corriente cultural, muchos tienden a profesar su fe con tibieza y a dejarse llevar en mayor o menor medida. Tal vez la devoción cristiana pase a ser algo convencional y pierda su radicalidad y, con ella, su dinamismo y su atractivo. El gran pecado de la cristiandad es la hipocresía: fingir un interés por Dios y por la virtud mayor que el que realmente se tiene. Lo normal es profesar el cristianismo, mientras que vivir la fe como un auténtico discípulo se convierte en la excepción.

A partir de ahí, entre el cristiano de nombre y el cristiano seriamente comprometido surge una distinción que no existía en los primeros tiempos de la vida de la Iglesia. En una sociedad cristiana el grado de transformación cristiana que se espera de la población en general es bastante bajo y muchos de los que desean de verdad servir a Cristo sienten el deber de hacer algo decisivo que manifieste el verdadero espíritu cristiano, por lo general ingresando en alguna orden religiosa. En tiempos de cristiandad esto se ha conocido a veces como «dejar el mundo», como si se olvidara que todo cristiano ha de abandonar el «mundo» en el sentido escriturístico de la palabra. Así, es posible que cobre fuerza la idea de cristianos de primera y de segunda clase y que se desdibujen las expectativas de santidad entre los laicos.

En las culturas cristianas toda la Iglesia está tentada de perder su carácter espiritual y sobrenatural y de convertirse en un cuerpo meramente mundano, en un ministerio o en el camino hacia una carrera prometedora: en un centro de actividades civiles en lugar del cuerpo místico de Cristo. Dado que en las sociedades cristianas quien profesa a Cristo gana respetabilidad y puede obtener poder y riqueza, y dado que invocando el nombre de Cristo se puede obtener influencia, hay personas ambiciosas y hambrientas de poder que abusan de la Iglesia y se sirven de su influencia para perseguir sus propios intereses egoístas. Puede ser que se desboquen pecados como la compra de cargos eclesiásticos, el absentismo de obispos y sacerdotes, la avaricia y la acumulación de riquezas y una insidiosa mundanidad generalizada entre aquellos cuya misión es la de conducir a otros a Cristo. Y entre quienes evitan pecados tan flagrantes quizá también el mensaje de Cristo quede enterrado bajo las categorías de éxito que se originan en el orden temporal y deje de ser una fuerza liberadora. El sacerdocio pasa de ser misión a una profesión más. Las obligaciones de quienes se ocupan de la vida moral y ritual de la Iglesia se toman a la ligera y solo se miden los resultados tangibles inmediatos. Ese desinterés fue el desencadenante del espíritu reformista del siglo XVI tanto protestante como católico. Reformar la Iglesia en épocas así no es tarea fácil.

Las instituciones de la cristiandad son firmes y cuentan con fundamentos sólidos; de ahí que tiendan a subestimarse y, por lo tanto, a perder su espíritu cristiano original. Puede ser que los obispos y los sacerdotes, dejando de ejercer como pastores y evangelizadores que libran una batalla espiritual decisiva y de servirse de sus instituciones para hacer discípulos, acaben considerándose y funcionando como técnicos responsables de mantener engrasada la maquinaria del sistema. En las culturas cristianas la clase de persona que asciende para dirigir la Iglesia suele ser antes la del funcionario que huye del conflicto que la del apóstol. La Iglesia pasa de ser un movimiento del espíritu encarnado en las instituciones a un conjunto de instituciones escleróticas que han perdido su alma interior.

En las sociedades de la cristiandad la propia fortaleza de las instituciones y de los principios cristianos fomenta la tendencia a reducir la fe a sus expresiones visibles. Los cristianos quizá cometan el error de creer que el reino de los cielos es de este mundo y que su fuerza se mide por sus manifestaciones visibles. De ahí que con frecuencia intenten conservar su influencia mundana en detrimento de una genuina fortaleza espiritual. El relato —tal vez apócrifo— del encuentro entre san Juan Vianney y el demonio deja patente cuál es el verdadero origen de la influencia de la Iglesia. Según cuentan, el demonio le dijo a Vianney que con sacerdotes como él el reino de las tinieblas quedaría destruido. La santidad, la oración, la humildad y los actos de caridad escondidos son los medios espirituales que sostienen visiblemente a la Iglesia. Y, cuando se descuidan, las manifestaciones externas de la vida de la Iglesia palidecen y están sujetas al fracaso. La situación de la Iglesia no es nunca tan débil como cuando parece fuerte y, sin embargo, ha perdido sus profundas raíces en el mundo invisible. Este es un peligro que cuesta advertir en épocas de cristiandad.

De un modo más sutil, en épocas cristianas suelen darse falsificaciones del cristianismo genuino que incorporan términos y costumbres a algo que, en realidad, es una religión diferente. En un sermón titulado «La religión de estos tiempos» John Henry Newman daba cuenta de este fenómeno:

En todos los tiempos del cristianismo, desde que se comenzó a predicar, ha existido lo que podríamos llamar una *religión del mundo*, que imita a la única religión verdadera de tal forma que llega a engañar a quienes no son firmes y no están alerta. El mundo no se opone a la religión como tal; yo diría que nunca se le ha opuesto. Lo que ha sucedido exactamente en todo tiempo es que ha reconocido el

Evangelio de Cristo en un sentido u otro; se ha adherido a una u otra de sus características, declarando ponerla en práctica; y en realidad, al abandonar el resto de las enseñanzas sagradas, ha deformado y corrompido incluso aquella porción que había destacado, y así ha conseguido la excusa para desembarazarse del conjunto —pues quien cultiva un solo precepto del Evangelio con exclusión de los demás, en el fondo los desprecia todos[1].

De la sustitución de la parte por el todo nace la confusión respecto a quién es Cristo y qué pide su Evangelio. Muchos de los que asumen una visión distorsionada de la fe dicen hablar en nombre de Cristo.

Es posible que en una sociedad de la cristiandad en la que (prácticamente) toda la población es cristiana el mandato misionero se desdibuje. La verdad de que la raza humana se encuentra atrapada en una batalla cósmica entre el bien y el mal en la que todo individuo ha de tomar partido por uno u otro queda eficazmente oculta. Muchos de los que viven en una época cristiana pueden ver la Iglesia como una institución cultural más que hace mejor la vida del hombre, y no como una nueva creación de la raza humana salvada del pecado y de la esclavitud. La misión se reduce entonces a la conservación de unas cuantas órdenes religiosas que trabajan en tierras lejanas. El gran mandato de Jesús puede llegar a considerarse un mandato lejano e irrelevante.

---

[1] John Henry Newman. *Sermones parroquiales/1*. Madrid, Encuentro, 2010.

En contextos apostólicos en los que la visión dominante de la sociedad no tiene a la Iglesia como principal influencia, la primera necesidad no es mantenerse —lo que, aun así, no deja de tener su importancia—, sino el testimonio apostólico y la construcción de una visión cultural y de un modo de vida propiamente cristianos. En tiempos así, la Iglesia se ve a sí misma claramente distinta del mundo que la rodea, obligada a enfrentarse a la hostilidad o a la apatía y sin posibilidad de confiar en que la sociedad global sostenga sus instituciones o transmita su visión de la vida. También este medio cultural conlleva ciertas ventajas y determinados desafíos.

En tiempos apostólicos profesar la fe implica pagar un alto coste, por lo que suele haber menos hipocresía que en épocas de cristiandad. La vida de fe es más intensa y, por lo tanto, más atractiva y más visiblemente transformadora. Existe una experiencia inmediata de la trascendencia de la pertenencia a Cristo. La gran aventura del cristianismo se vuelve más palpable: sus contornos se muestran más nítidos y el Evangelio atrae a muchas personas de noble corazón y con un fuerte anhelo de Dios y del bien. La cualidad específicamente cristiana de las vidas de los creyentes tiende a crecer.

Los tiempos apostólicos exigen una mayor pureza de intención por parte de obispos y sacerdotes, lo que conlleva un liderazgo más auténtico y dinámico. Es más fácil que surja espontáneamente y se mantenga un alto nivel de santidad entre el clero. Quienes aspiran a cargos eclesiásticos por dinero o por prestigio social suelen encontrar mejores cosas que hacer.

En tiempos apostólicos la Iglesia tiene en cierto modo mayor conciencia de sí misma. La experiencia diaria hace ver a los cristianos que el mundo espiritual y moral que habitan es distinto y muchas veces contrario a aquel que los rodea, y eso exige de ellos un sentido más hondo de la llamada que les es propia. En tiempos apostólicos todo cristiano es necesariamente testigo y evangelizador; el papel del laicado y la importancia de la santidad de los laicos se demuestran más claramente necesarios para que la Iglesia lleve a cabo su misión.

En tiempos de cristiandad es más difícil que haya que confesar a Cristo frente el enemigo, alcanzando incluso el martirio, que se ha considerado siempre la mayor dicha del cristiano y un modo privilegiado de imitar a Cristo. En tiempos apostólicos está más presente la posibilidad de sufrir en nombre de la fe pasando por el martirio, y a la Iglesia entera la anima el espíritu heroico de dar un testimonio valiente.

Los tiempos apostólicos conllevan también sus propios desafíos. Los distintos beneficios que acumula una cultura cristiana desaparecen. Son muchos los errores, doctrinales y morales, de toda índole. En una atmósfera cultural como esta a los cristianos les puede costar mantener su propia visión espiritual y moral. Quienes se adhieren a la mayoría no cristiana obtienen ventajas materiales y es difícil resistirse al atractivo de la visión dominante, especialmente en situaciones de vulnerabilidad. Y existe el problema —entre otros— de que cuesta más educar a los hijos en la fe.

En tiempos apostólicos la hostilidad de la cultura mayoritaria puede amenazar la estabilidad de la vida. Crear y mantener unas instituciones prósperas resulta más complicado, igual que construir una casa en medio de un vendaval. Se dispone de menos recursos y el desafío cultural de articular la fe tanto individual como institucionalmente puede resultar agotador. Es posible que se dé una tendencia al desaliento y a la pérdida de confianza en el poder del Evangelio, especialmente entre quienes miden la fortaleza de la Iglesia en virtud de sus manifestaciones visibles.

El alto precio que se paga por ser discípulo convierte a la cobardía en la gran tentación de los tiempos apostólicos. Si en tiempos de cristiandad se está tentado de manifestar una fe y una virtud superiores a las reales, en tiempos apostólicos la tentación consiste en manifestar menos fe y menos virtud. La apostasía pública motivada por el miedo suele ser más habitual.

La acritud del clima espiritual en tiempos apostólicos lleva a ciertos grupos de cristianos a la tentación de desarrollar una actitud excesivamente rigorista respecto a la fe y la vida moral, o bien de convertirse en sectarios y renunciar a la misión de engranar el Evangelio con la cultura generalizada y avenirse al diálogo. Puede darse una tendencia a «dejar que el resto del mundo se busque la vida» o a acabar dominado por una actitud timorata que priva al Evangelio de su gozoso espíritu de conquista. Cuando se distingue la línea que separa al cristianismo de la sociedad global, surge la tentación de trazarla allí donde el Evangelio no lo exige. Si en tiempos de cristiandad la peor tentación de muchos consiste en dejarse llevar por las corrientes de pensamiento y las conductas mundanas, en tiempos apostólicos para muchos la tentación consiste en construir ortodoxias personales o colectivas que no coinciden con las auténticas líneas evangélicas.

III.
EL CLIMA ACTUAL

Ha pasado ya, incluso en los países de antigua
evangelización, la situación de una «sociedad cristiana»,
la cual, aún con las múltiples debilidades humanas,
se basaba explícitamente en los valores evangélicos.

PAPA SAN JUAN PABLO II. *Novo millenio ineunte*, 40.

SEAN CUALES SEAN LAS VENTAJAS y los inconvenientes de
un medio cultural cristiano o apostólico, no somos nosotros quienes elegimos la clase de sociedad que preferimos,
sino que recibimos de Cristo tanto los tiempos en los que
nos toca vivir como la gracia para enfrentarnos al mundo
tal y como es. Si volvemos la mirada hacia el tiempo y el
espacio que son los nuestros y nos preguntamos en qué
clase de cultura vivimos, cuál es su imaginario dominante
y cuáles son las estrategias pastorales más convenientes, lo
que se despliega ante nosotros es un panorama complejo
y que en muchos aspectos carece de precedentes. Vivir en
medio de esa complejidad sin precedentes requiere formas nuevas y eficaces de vivir el Evangelio y de dar testimonio de las verdades de la fe.

Los últimos siglos han sido testigos de una batalla cada vez más encarnizada librada en Occidente por dos visiones dominantes opuestas: una visión fundamentalmente cristiana que ha permanecido vigente a lo largo de muchos siglos y una visión humanista y materialista que comenzó a surgir a finales del siglo XVII y que se conoce con el nombre genérico de «Ilustración». Hablar de conflicto entre estas dos visiones no equivale a decir que una y otra no tengan nada en común ni que la visión cristiana más antigua no se halle en los orígenes de buena parte de la visión ilustrada. No obstante, aunque puede que ambas visiones vean *algunas* cosas de modo parecido, ven el *todo* de un modo muy distinto: el esquema o patrón general en el que se inscriben determinadas creencias y prácticas dota de un significado muy distinto a aquello que —considerado aisladamente— puede resultar similar.

Hasta aproximadamente la Primera Guerra Mundial, Europa era en líneas generales un conjunto de culturas cristianas, aunque hubiera observadores perspicaces que llevaban tiempo advirtiendo la dirección que estaba tomando. Y es que hacía cerca de doscientos años que venía librándose, con mayor o menor intensidad, una especie de guerra civil cultural entre las clases instruidas. En el último siglo, ese combate ha llegado a su fin en Europa; la cristiandad ha sido expulsada del campo de batalla —y con esto no nos estamos refiriendo ni al cristianismo ni a la Iglesia, sino a Europa como sociedad cristiana—. Norteamérica, sin embargo, ha sido hasta hace muy poco una especie de cultura cristiana y, en algunos lugares, aún continúa siéndolo en buena medida. La visión social norteamericana fue desde sus inicios algo parecido a una aleación. Algunos elementos cristianos heredados de la larga historia de Occidente se fusionaron con elementos de la Ilustración formando una mezcla compleja. Esa visión cultural norteamericana ha sido en líneas generales amigable con el cristianismo, cosa que hoy está desapareciendo rápidamente. Así lo han dejado patente muchos acontecimientos recientes. El cambio está muy arraigado y no es probable que revierta a corto plazo.

Lo recogido hasta aquí no tiene como objetivo anunciar el apocalipsis ni tampoco dejarse llevar por la nostalgia, sino sugerir la necesidad de comprender nuestra cultura —tanto sus abismos más oscuros como sus aspectos más prometedores— para poder empezar a discernir el modo de transmitirle la luz de Cristo.

Pensar en modo cristiano en tiempos apostólicos

No puede sorprendernos que haya muchos católicos norteamericanos que aún conservan la mentalidad propia de la cristiandad: en ella se formaron y esa mentalidad pasó a formar parte de la estructura mental que han asumido. Por comprensible que sea esta actitud heredada, resulta desastrosa desde un punto de vista estratégico. El veloz cambio de una visión dominante cristiana a la visión utópica progresista moderna ha transformado radicalmente la situación estratégica.

En este sentido, conviene fijarse en lugares como Quebec, Bélgica, España e Irlanda: lugares cuya cultura parecía hasta hace poco profundamente cristiana mientras el resto del mundo tomaba una orientación secular.

No obstante, ha bastado una única generación para que la base de la cultura cristiana se desmorone. Casi de la noche a la mañana, estas sociedades han pasado de ser sólidamente católicas a agresivamente seculares. Una de las razones de este rápido desplome ha sido que el cambio que la visión global de la sociedad llevaba un tiempo experimentando pasó desapercibido y las instituciones de la Iglesia no se adaptaron a él, sino que continuaron lideradas con una actitud de «aquí no pasa nada». Hasta que llegó un momento en que una visión cristiana tan erosionada fue incapaz de soportar el peso de la cultura: cayó la casa y fue grande su ruina. Estas situaciones manifiestamente complejas apuntan a un principio operativo: las estrategias institucionales y eclesiásticas que valen para la cristiandad no funcionan en contextos apostólicos. En tiempos en los que se produce un rápido cambio alejado de la visión cristiana —en tiempos como el nuestro—, la Iglesia debe plantearse de un modo distintio el espíritu y el modo de operar de todas sus instituciones. De no ser así, esas instituciones pueden perder su eficacia o caer presas de la cultura dominante.

En Latinoamérica se puede observar un cambio parecido del relato cultural dominante, si bien en medio de una serie de circunstancias culturales diferentes. Durante mucho tiempo esta zona estuvo formada por un conjunto de sociedades cristianas cuya visión general les había sido transmitida por la Iglesia católica. Pero, a lo largo de aproximadamente los últimos cien años, ese imaginario ha sufrido fuertes ataques, primero por parte de gobiernos agresivamente seculares y más recientemente a través de medios electrónicos y factores económicos que han llevado a conectar a sus usuarios con una cultura global mayoritariamente secular. Las antiguas fórmulas institucionales y culturales desarrolladas durante los años de cristiandad ya no funcionan igual que antes. Aun así, la gran mayoría de latinoamericanos siguen identificándose como cristianos. Ahora bien, mientras la Iglesia católica pierde fieles e influencia entre las poblaciones latinoamericanas, el cristianismo evangélico protestante experimenta un aumento acelerado. Sean cuales sean sus limitaciones, esta corriente cristiana continúa avanzando, evangélica y pastoralmente, en clave apostólica. La actitud que ha adoptado es la misionera: de hecho, la más adecuada para gestionar la actual situación en Latinoamérica. Cuantos más católicos latinoamericanos abracen la apostolicidad, se reducirán las probabilidades de que sus congregaciones y sus familias abandonen su fe para adherirse bien a la cultura global secular, bien a las pequeñas iglesias independientes. En la medida en que se siga «como si no pasara nada», lo único que cabe esperar es ser testigos de la marcha de un número cada vez mayor de fieles.

Aquí, en Estados Unidos, observamos este principio operativo en todas las instituciones clave de la Iglesia: familias, escuelas, organizaciones benéficas, parroquias, diócesis. Los antiguos modelos y estrategias institucionales que en su momento fueron eficaces ya no están en sintonía con la cultura ni· son capaces de retener a los miembros de la Iglesia. Es frecuente que los hijos de padres católicos pierdan la fe; los titulados de los colegios y las universidades católicas no son creyentes católicos convencidos; de las parroquias no surgen vocaciones al sacerdocio y a la vida religiosa; las órdenes religiosas se marchitan. Para quienes querrían una cristiandad, las noticias de nuestro tiempo componen un relato interminable de decadencia y de pérdidas: cifras que se reducen, instituciones secularizadas o moribundas, una pérdida evidente de influencia cultural. Todo lo cual puede generar una atmósfera de desaliento y derrotismo.

Junto a este panorama conviene presentar otro más alentador. Allí donde se actúa con celo apostólico y con estrategias apostólicas, los resultados son impresionantes: hay conversiones a la fe, sobre todo entre los jóvenes; nacen nuevos movimientos y otras comunidades religiosas redescubren su vitalidad; se fundan o se reforman instituciones; se profundiza en la vida de oración y en el testimonio comunitario. Estos movimientos no cuentan con mayorías, pero eso es algo que forma parte de la naturaleza de los tiempos apostólicos: en contextos de misión la Iglesia no se mueve por mayorías. Nos enfrentamos a una cultura que no está tan corrompida como para ser inmune al Evangelio, y a poblaciones para las que el catolicismo no ha llegado a perder su garra ni su atractivo. En realidad, nuestro problema es que buena parte de la Iglesia sigue en modo cristiandad, o bien seriamente amenazada por la visión dominante de la cultura mayoritaria, o bien empleando estrategias obsoletas diseñadas para un contexto distinto; de ahí su incapacidad para lidiar con la cultura actual. La tarea que tenemos entre manos consiste en encontrar modos eficaces de atraer a los miembros de la Iglesia —y a quienes no pertenecen a ella— con las verdades de la fe.

El segundo libro de los Reyes (6, 23-8) narra un acontecimiento revelador de la vida del profeta Eliseo. Cuando varias fuerzas enemigas se alían para invadir Israel, un ejército pone cerco a la ciudad donde se encuentran el profeta y su joven criado. Al ver cómo aumenta la inquietud de su criado ante tan grave aprieto, Eliseo le dirige unas palabras de ánimo: «No temas. Son más los que están con nosotros que con ellos». El criado no entiende nada: no tienen ningún aliado y lo único que ve es un ejército enemigo ingente. Entonces Eliseo eleva una oración para que los ojos del criado se abran al mundo espiritual y vislumbren la auténtica realidad. Y, cuando se abren sus ojos, el criado descubre a Eliseo rodeado de un ejército de caballos y carros de fuego perfectamente capaz de enfrentarse a las fuerzas enemigas. Esto es algo más que una historia bonita: es la expresión de una verdad de suma importancia práctica. La Iglesia siempre parecerá llevar las de perder si se evalúan sus posibilidades basándose en el mundo visible de la política, la economía, la influencia cultural y las cifras. Pero, cuando se ve a la Iglesia como lo que realmente es, como una sociedad divina que trasciende el espacio y el tiempo, llena de la presencia y la fuerza de Dios, resplandeciente por el poder y la belleza de los ángeles y de los humanos perfeccionados, con toda la autoridad que recibe del cielo para ocuparse de los asuntos de este mundo, el panorama es muy distinto. Una época apostólica, y más aún esta de hoy que surge de entre las ruinas de una cultura cristiana, debe tener muy claro de dónde nace la fuerza de la Iglesia en las batallas a las que se enfrenta.

IV.
EL DISEÑO DE UNA ESTRATEGIA
PASTORAL PARA ESTE TIEMPO
DE TRANSICIÓN

Como he manifestado en otras ocasiones, la singularidad y novedad de la situación en la que el mundo y la Iglesia se encuentran, a las puertas del tercer milenio, y las exigencias que de ello se derivan, hacen que la misión evangelizadora requiera hoy un programa también nuevo que puede definirse en su conjunto como «nueva evangelización».

PAPA SAN JUAN PABLO II. *Ecclesia in America*, 66.

El hombre contemporáneo escucha más a gusto a los que dan testimonio que a los que enseñan; o, si escuchan a los que enseñan, es porque dan testimonio.

PAPA SAN PABLO VI. *Evangelii nuntiandi*, 41.

A LA LUZ DE ESTAS CONSIDERACIONES, ¿cuáles son los principios y las actitudes que servirían de base para formular una respuesta pastoral y evangelizadora razonable?

1. Adoptar una actitud apostólica

El primer requisito consiste en identificar los tiempos en que vivimos y estar dispuestos a adaptar las expectativas y las estrategias conforme a ellos. En este sentido, podríamos empezar pensando en los apóstoles justo después de la Ascensión de Cristo. Están llenos del poder del Espíritu Santo y aún resuenan en sus oídos las palabras del Maestro resucitado: «Id y haced discípulos a todas las naciones». Es el contexto apostólico por antonomasia. Imaginémoslos reunidos en el primer «comité para la evangelización».

Nuestra agenda

Llevar al mundo el Evangelio de Cristo

Nuestros recursos

¿Obispos?	Once
¿Sacerdotes?	Los mismos
¿Diáconos?	Ninguno
¿Teólogos cualificados?	Ninguno
¿Órdenes religiosas?	Ninguna
¿Seminaristas?	Ninguno
¿Seminarios?	Ninguno
¿Fieles cristianos?	Unos pocos centenares
¿Países con población cristiana?	Uno
¿Iglesias construidas?	Ninguna
¿Escuelas y universidades?	Ninguna

74

¿Textos de los Evangelios?	Ninguno
¿Dinero?	Muy escaso
¿Experiencia en misiones en el extranjero? ..	Ninguna
¿Contactos influyentes en las altas esferas?..	Prácticamente ninguno
¿Actitud de la sociedad hacia ellos?	Entre la ignorancia y la hostilidad

Si los apóstoles hubieran pensado en modo cristiandad y evaluado la situación basándose en la fortaleza de las instituciones cristianas existentes, los habría invadido el desaliento al verse enfrentados a todo tipo de crisis: vocacional, financiera, catequética, educativa y numérica. Pero no se desanimaron: estaban llenos de gozo y de esperanza. Confiaban plenamente en el Señor, en su mensaje y en la creatividad y fecundidad de la Iglesia. Sabían que su misión consistía en ser instrumentos del Espíritu Santo para el crecimiento de la Iglesia y conocían cuáles eran los medios de la gracia que la harían crecer. Y creció.

En tiempos apostólicos la Iglesia necesita tener esa misma confianza en el poder y la bondad del mensaje del que es portadora, en su potencial transformador, en el poder regenerador y de crecimiento de la Iglesia. Especialmente quienes poseen influencia y autoridad, deben convencerse de que Cristo es la respuesta a cualquier mal del hombre, la solución a todo problema humano, la única esperanza de una raza moribunda. Tienen que convencerse de cuáles son las malas noticias: que la rebelión de la propia raza humana atrajo una maldición sobre ella; y que ella misma se vendió a la esclavitud del príncipe de las tinieblas y no podemos hacer nada para salvarnos nosotros solos. Y, al mismo tiempo, debe convencerse también de cuál es la Buena Nueva: que Dios, en su misericordia, ha venido en medio de nosotros para liberarnos de nuestros pecados y de la esclavitud del demonio, y que para quienes se conviertan a la verdadera alianza la pesadilla de una vida separada de Dios puede transformarse en un amanecer de esperanza eterna. Deben saber por experiencia propia que la obediencia al Evangelio supone la libertad perfecta, que la santidad conduce a la felicidad, que un mundo sin Dios es un desierto inhóspito y que la nueva vida en Cristo transforma las tinieblas en luz.

Esta actitud, necesaria por muchas razones, es imprescindible a la hora de evaluar el trabajo y las posibilidades de la Iglesia en una época poscristiana. En momentos de transición como el nuestro, es de esperar que las estrategias pastorales y evangelizadoras vigentes durante tanto tiempo bajo la influencia de un relato cristiano asumido dejen de ser tan eficaces como lo fueron. Es de esperar que muchos de los que asistían a misa porque esa era la costumbre dejen de asistir a ella, y que aquellos a quienes no les convencían las verdades de la fe se muestren renuentes a pagar un alto precio por esas verdades y vayan distanciándose cada vez más. Hoy día hay en la Iglesia muchos «católicos por herencia» atados con vínculos sentimentales al modo en que crecieron. Pero el sentimentalismo no será capaz de sostener un discipulado que suponga un desafío a todos los niveles de su existencia, como no será tampoco capaz de sostener su fe cuando esta les haga entrar en conflicto con los que los rodean. Con esto no queremos ser arrogantes ni pretendemos apagar la mecha vacilante, por débil que se haya vuelto la llama; cualquier alma, por tibia que sea, es de suma importancia. Pero no podemos olvidar la principal tarea de la Iglesia, que una mentalidad de la cristiandad es posible que pierda de vista.

Cuando el anciano Simeón toma en sus brazos al Niño Jesús en el Templo, dice de Él que ha sido puesto para que muchos en Israel caigan y se levanten y para que se pongan de manifiesto los pensamientos de muchos corazones (Lc 2, 3-4). La gran misión de la Iglesia en cualquier época es predicar y vivir el Evangelio con claridad y convicción; no le corresponde a ella decidir el efecto que pueda tener en los demás. Jesús, el mayor y más competente predicador del Evangelio de toda la historia, no fue bien acogido por quienes lo escuchaban; a veces hasta una mayoría rechazó su mensaje. Y no fue porque su predicación fracasara por no obtener conversiones; de hecho, consiguió lo que buscaba: probar los corazones de quienes lo escuchaban para que, frente a su mensaje, estos cayeran o se levantaran. Lo mismo ocurre cuando la Iglesia da testimonio de la fe. Aunque presente a Cristo fielmente, la respuesta al Evangelio no será uniforme. Es innegable que en una sociedad que se está alejando de la cristiandad la Iglesia disminuirá en virtud de una especie de condicionante social: la mayoría de cualquier sociedad tiende a abrazar inconscientemente la visión social dominante a no ser que se aparte explícitamente de ella para decidirse por otra. Pero todo esto hay que verlo desde la perspectiva adecuada: diez auténticos seguidores de Cristo serán más fecundos a la hora de hacer nuevos creyentes que otros mil con una fe tibia o inexistente. La Iglesia no crece por movilización de masas: avanza de alma en alma a medida que cada individuo recibe de otro el fuego de la fe y se injerta en el cuerpo de Cristo. Lo importante no son los números, sino la intensidad de la llama, y así lo entendieron los apóstoles.

2. Negarse a caer en la trampa del análisis social

Una época apostólica debe huir de la lógica de las encuestas sociológicas y de las extrapolaciones numéricas acerca del lugar de la fe en la era por venir. Estas cosas, sea cual sea el uso que se les dé, nos dicen muy poco acerca de la futura suerte de la Iglesia. Su método las obliga a prescindir de la fe, del milagro y del Espíritu Santo, con lo cual solo pueden equivocarse en lo relativo a la actividad de un organismo espiritual que hunde sus raíces en el cielo. ¿Qué encuesta sociológica podría haber predicho la conversión de una antigua y refinada civilización por obra de un puñado de trabajadores iletrados? ¿Qué análisis numérico habría sido capaz de prever la explosión del movimiento monacal o la conversión de todos los pueblos paganos de Europa? ¿O la llegada de un san Francisco, con sus miles de seguidores al cabo de unos pocos años? ¿O la aparición de Nuestra Señora de Guadalupe y la conversión de México? ¿O —lo que es más— la conversión de una sola alma? ¿Qué estudio sociológico puede evaluar la presencia del Espíritu Santo o el poder de la oración? Desde que surgió, la Iglesia ha sido siempre una absoluta sorpresa, un milagro patente en cada momento de su existencia. El improbable e inesperado éxito del cristianismo tiende a pasar inadvertido en una cultura cristiana en la que la maravilla y el poder revolucionario de un Dios encarnado pueden acabar convirtiéndose en una cosa más de las que se dan por supuestas. No obstante, no hay época en que la Iglesia no se oponga a la atmósfera espiritual de un mundo en tinieblas, por mucho que a veces logre influir en esa atmósfera de forma significativa. Toda conversión es un prodigio de la gracia, una obra asombrosa de Dios. San Agustín decía que el milagro que hace Dios al salvar a un solo pecador es mayor que toda la obra de la creación. Estas palabras de san Agustín marcan la pauta de la actitud adecuada en una época apostólica.

Esto no significa que los análisis sociológicos no valgan para nada ni que haya que ignorarlos. De hecho, resultan útiles e incluso esenciales para ayudar a los cristianos a entender la cultura por la que transitan y pueden proporcionar la información necesaria acerca del estado actual de la fe. Se pueden emplear como estímulo para la acción y como base de información para diseñar la actitud y la estrategia de la Iglesia más adecuadas. Pero los análisis sociológicos no son indicadores de la fortaleza espiritual de la Iglesia y no pueden predecir cómo será su futuro ni convertirse en motivo de lamentos ni en excusa para la falta de fe.

Sirva como ejemplo la Iglesia europea de finales del siglo XVIII, sumida en un estado general de lasitud y con buena parte de las clases instruidas abandonando la fe. Entonces llegó la revolución francesa y la nación líder de la cristiandad se vio inmersa en veinticinco años de conflictos armados, caos y oleadas de descristianización forzosa. El papa estuvo un tiempo prisionero, las monarquías cristianas tradicionales se tambalearon y eran muchos los que pensaban que la Iglesia estaba en las últimas: envejecida, carente de convicción, a punto de expirar. Las vocaciones al sacerdocio y a la vida religiosa alcanzaron en Francia niveles mínimos: no había formación en los seminarios, muchas órdenes religiosas perdieron sus propiedades, y en la sociedad en general los ideales y las corrientes de descreimiento eran contrarios al cristianismo y a la Iglesia y no se vislumbraba su desaparición. Cualquier observador benévolo de la situación de la Iglesia francesa en torno a 1808 o 1815 no habría visto más que escombros y, a juzgar por los meros datos sociológicos, habría predicho un futuro de desastre vocacional, con todo lo que aquello implicaba. Pero lo que ocurrió fue muy distinto. En 1808 el número de religiosas francesas era de 12 300. Y en 1878 llegó a 135 000. En 1830 había unos 3000 sacerdotes al servicio de la Iglesia francesa. En 1878 eran cerca de 30 000: en sesenta años la cifra se había multiplicado por diez, y la edad media era significativamente menor que sesenta años antes. Se dijera lo que se dijera del futuro de la Iglesia por entonces, es evidente que no estaba a punto de desaparecer. Todo lo cual supuso una enorme sorpresa para los enemigos de la Iglesia, en especial para quienes estaban desarrollando la disciplina de la sociología como una especie de sustituto de la teología y, basándose en esa metodología, predijeron alegremente el final de la Iglesia. De acuerdo con su lógica, nada de aquello tendría que haber sucedido. Lo cierto es que la Iglesia cuenta con un enorme poder de regeneración. No es un cuerpo estático con una cantidad fija de recursos y un número limitado de adeptos: responde a cada situación a la que se enfrenta con el poder y la capacidad generadora del Espíritu Santo. Y esa regeneración tiene lugar cuando los miembros de la Iglesia reflexionan sobre su tiempo, renuevan su compromiso con la totalidad del Evangelio y se ponen al servicio de Cristo. Evidentemente, si la Iglesia y la fe se consideran meros constructos humanos, los análisis numéricos tendrán mayor poder predictivo y será más probable que los funestos pronósticos generales se hagan realidad.

3. Un modo distinto de mantener y utilizar las instituciones

Una diferencia clave entre una época cristiana y una época apostólica tiene que ver con el modo de funcionamiento de las instituciones de la Iglesia. Las instituciones son tan esenciales para la vida de la Iglesia como para la vida humana. Son una necesidad existencial en un mundo de espacio y tiempo. No puede sorprendernos que en sus relaciones con la raza humana Dios haya insistido tanto en fundar y mantener unas instituciones adecuadas en las que los seres humanos puedan vivir y en las que puedan materializarse sus ideales y sus relaciones. Si la institución humana primordial es la familia, la Iglesia es la institución más importante y la que más abarca, el hogar en el que se atiende a la totalidad de la persona y se la guía hasta la eternidad. Entre una y otra existe además una amplia variedad de instituciones: desde parroquias hasta escuelas, órdenes religiosas, organizaciones caritativas, empresas y asociaciones de vecinos, cuya suma compone el tejido de una vida saludable.

Pese a su antiguo y prestigioso pedigrí cristiano, hoy la palabra «institución» remite a algo plúmbeo e impersonal y es posible que exista cierta reticencia a emplearla. Una reticencia que se debe en parte al uso que el análisis sociológico ha hecho del término, pero también a que, lamentablemente, muchas de las instituciones modernas se han transformado por una u otra razón en espacios de corrupción y, por lo tanto, inhumanos. Una institución sana se ordena siempre a la persona humana y mejora —o, por lo menos, no menoscaba— la humanidad de quienes se encuentran bajo su órbita. Al pensar en una institución, lo primero que se nos debería venir a la cabeza no es una empresa hiperburocratizada o una escuela coercitiva, y mucho menos una prisión, sino un círculo familiar cohesionado o una parroquia con un amor y una fe patentes donde se cuida de todos. Cuando las instituciones cristianas pierden buena parte de su espíritu y de su lozanía, resulta tentador pensar que la solución está en prescindir de ellas. La «espiritualidad» viene entonces a sustituir a la «religión organizada», es decir, a la religión arraigada en las instituciones; algo tan esencial en el plan de salvación de la providencia divina como es encarnar los ideales religiosos en alguna institución se considera perjudicial para una fe vibrante. Dada la actual confusión cultural y el carácter subjetivista de nuestro tiempo, se trata de un error comprensible, pero no deja de ser un grave error. La creación y el mantenimiento adecuados de unas instituciones en las que se encarnen los ideales de una cultura ocupa el núcleo de toda vida civilizada. Dios es muy partidario de las instituciones (adecuadas) y así lo ha hecho patente al crearlas e insistir en su conservación. Jesús dedicó buena parte del tiempo que pasó con sus discípulos más próximos preparando el terreno de la institución en la que Él mismo habita por el Espíritu Santo.

Parece ser una ley de la vida institucional que toda institución tenderá a ajustarse al imaginario y a la visión moral dominantes en la sociedad en la que se encuentra. Cuando la visión dominante es buena, ese ajuste supone una ventaja. Si se trata de una visión cristiana, la ventaja es aún mayor: una de las ventajas de una sociedad cristiana es precisamente esa tendencia a que sus instituciones adopten una forma cristiana. Pero eso tiene sus consecuencias: en un entorno cultural no cristiano o anticristiano una institución cristiana solo puede conservar su carácter distintivamente cristiano si se resiste enérgicamente a avenirse a la atmósfera general. No ejercitarse en esa actividad conjunta significa perder el fin original de la institución. Es decir, para que en una época apostólica una institución cristiana —tanto si se trata de una familia como de una parroquia, una universidad o una organización caritativa— se desprenda de sus modos y su espíritu cristianos no tiene ninguna necesidad de alejarse drásticamente del cristianismo. De hecho, no tiene más que seguir manteniéndose «como si no pasara nada» y, en un plazo de tiempo relativamente corto, a medida que la institución se vaya adaptando a las fuerzas culturales dominantes, su espíritu interior habrá perdido a Cristo. Es la diferencia que existe entre guiar una canoa río abajo con un golpe de remo ocasional (modo cristiandad) o conducirla río arriba en contra de la corriente con enérgicos golpes de remo (modo apostólico). Lo que sucede cuando se deja de remar es muy distinto en uno y otro caso. Quienes creen que la corriente los sigue —cuando en realidad la tienen en contra— se sorprenderán al verse corriendo en la dirección que no querían.

En una época apostólica las instituciones tienen que ser más conscientes de su misión, de sus fines y de su espíritu interno. Quienes las dirigen y quienes pertenecen a ellas han de saber con mayor claridad aún qué hacen, por qué lo hacen, qué consecuencias puede traer determinado tipo de decisiones y cómo la cultura interna de la institución se conserva mejor contracorriente.

La actual cultura del matrimonio nos permite ver mejor aún cuáles son las necesidades en este sentido. No hace mucho —tan solo una o dos generaciones— a una pareja de jóvenes cristianos deseosos de casarse y formar una familia les bastaba con hacerlo como les habían enseñado, conforme a la corriente general de la cultura. Sabían que debían evitar determinados patrones sociales, pero tenían muy claro el camino que había que seguir. Muchas de esas parejas no habrían sido capaces de formular detalladamente por qué vivían de ese modo, por qué formaban y educaban a sus hijos de una manera determinada, por qué su vida profesional y de ocio respondía a cierto modelo. Eso era lo que se hacía en una cultura de la cristiandad; siempre se había hecho así; no había discusión posible; a sus padres les había funcionado, así que a ellos les funcionaría. En el clima actual, sin embargo, las consecuencias de este modo de proceder dejan patente su falta de pertinencia. ¿Cuántos padres de cierta edad se lamentan de que sus hijos, sin saber cómo ni por qué, han perdido la fe?: «Se han educado en colegios católicos y venían a misa con nosotros. Hemos hecho lo mismo que nuestros padres. ¿En qué nos hemos equivocado?». El modo de vida de una familia católica que en época cristiana parecía como mínimo apropiado ahora, por desgracia, se demuestra inapropiado para competir con la sofocante atmósfera en la que viven los hijos.

En el clima cultural actual los jóvenes con convicciones cristianas que se casan tienen mucho más clara su misión. Desde el principio, la sola decisión de casarse, de vivir la castidad antes del matrimonio, de querer que su matrimonio dure toda la vida y de abrir su familia a los hijos los sitúa en un contexto contracultural que a muchos de sus iguales les parece raro. Saben que tienen que definir muy bien cada aspecto de su vida de familia si quieren conservar su vitalidad cristiana. Entienden que la cultura general no les servirá de pauta para la formación y la educación de sus hijos o para gestionar los gastos, el uso de la tecnología o la elección de las formas de entretenimiento. Son conscientes de la necesidad de una visión integral de su vida institucional (familiar) en cuyo marco todas sus actividades cobren sentido. No educarán a sus hijos igual que los educaron a ellos, y no necesariamente porque sus padres no lo hicieran bien, sino porque el entorno que los rodea ha experimentado un cambio radical. Sustituyen de forma consciente el modo de pensar y de obrar propio de la cristiandad por un modo apostólico. Saben que una vida de familia construida del modo adecuado, además de proporcionar a sus hijos un entorno positivo, será motivo de curiosidad y de esperanza para quienes buscan una forma de vida mejor. Si educar una familia cristiana ha sido siempre una misión importante, en una época apostólica es una aventura misionera.

Este es el mismo principio que se aplica a las demás instituciones de la Iglesia: escuelas, universidades, organizaciones benéficas y parroquias. Dichas instituciones dejarán de ser distintivamente cristianas y católicas si su identidad no está claramente definida y la totalidad de sus miembros no conoce sus fines. En una época cristiana cualquier institución con un liderazgo confuso y aletargado seguirá siendo más o menos cristiana si se deja llevar por la corriente general de la cultura, pero en una época apostólica la corriente la arrastrará rápidamente lejos de Cristo y de la Iglesia. Este peligro exige hoy que dichas instituciones sean más selectivas a la hora de contratar a sus empleados y de impartir una formación planificada. Esto les parecerá complicado —cuando no doctrinario, rigorista o intolerante— a quienes están acostumbrados a funcionar en modo cristiandad o a quienes han perdido el relato cristiano y se han dejado ganar por la visión general de la cultura mayoritaria. Habituados a dejarse llevar por la corriente, la claridad y la energía que se necesitan para navegar río arriba les resultan extrañas. En lugar de tomar como pauta la totalidad del Evangelio de Cristo con toda su dificultad y su claridad liberadora, tenderán a abrazar formulaciones de su misión menos concluyentes que les permitan llegar a componendas con el espíritu cultural dominante. La doctrina, la liturgia de la Iglesia y el discipulado se sustituirán por un vago discurso acerca de los valores: un camino funesto hacia la pérdida de los ideales fundacionales de la institución. Evidentemente, quienes crean o revitalizan una institución tienen que procurar no convertirse en sectarios ni paranoicos y evitar dejarse llevar por el miedo antes que por la fe. Pero también deben ser claros y tajantes.

Hay dos enseñanzas pastorales de Jesús que arrojan luz sobre la diferencia de actitud en un entorno cristiano y en un contexto apostólico. En un escenario cristiano «el que no está contra vosotros, está a favor vuestro» (Lc 9, 50). En la cristiandad, mientras no exista una oposición activa a los ideales de la institución, la existencia de cierto número de miembros apáticos o escasamente formados no será excesivamente perjudicial. Tenderán a adecuarse, al menos pasivamente, a la orientación cristiana de la cultura mayoritaria y, aunque no ayudarán a que las cosas avancen o a profundizar en ellas, tampoco resultarán muy molestos. En un contexto apostólico «el que no está conmigo está contra mí; el que no recoge conmigo desparrama» (Lc 11, 23). En este contexto no basta con tener una actitud neutral o no comprometida con los fines de la institución. Esa supuesta neutralidad en realidad no lo es y acabará derivando en una oposición activa, porque esos miembros no comprometidos irán adoptando sin darse cuenta la visión social dominante. Lo quieran o no, su progresiva erosión del fin original de la institución contribuirá a la disolución de la misma.

En tiempos como los nuestros, un error típico de las instituciones de la Iglesia consiste en evitar plantearse cuestiones de su visión global y dar por hecho que esos asuntos o bien carecen de importancia o bien ya han quedado más o menos zanjados, circunscribiéndose entonces a objetivos técnicos y administrativos. Dichos objetivos pueden ser loables o, al menos, necesarios, pero pueden acabar suponiendo una distracción si se persiguen prescindiendo de las cuestiones de peso. Ignorar las cuestiones fundacionales y perseguir otras menos importantes puede socavar el espíritu de la institución. Dado el clima actual, es posible que las instituciones alcancen la excelencia en distintas competencias técnicas, pero no sean cristianas.

Una de las características del actual clima cultural (y una triste manifestación de su decadencia esencial) es, por ejemplo, considerar la técnica y los procedimientos como los principales medios para conseguir objetivos importantes. Por desgracia, esta es una actitud que pueden adoptar también los responsables de las instituciones católicas. En lugar de insistir en las cuestiones de mayor calado —¿qué es lo bueno, lo verdadero, lo justo?; ¿cómo desarrollar lo auténtica y plenamente humano?; ¿qué espera Dios de nosotros?; ¿qué es lo que conduce tanto a la felicidad eterna como temporal del hombre?—, nuestra sociedad se limita a preguntarse: ¿cuál es la «mejor práctica»?; ¿qué nos va a reportar mayor beneficio?; ¿cuál es la última tendencia?; ¿qué es lo que mejor se adecúa a los estándares profesionales vigentes?; ¿qué nos obtendrá mayor prestigio social y profesional?; ¿cómo lograr un éxito más inmediato desde un punto de vista cuantificable y medible? Por supuesto que estas preguntas a veces son importantes, pero solo recibirán la respuesta adecuada si se inscriben dentro de unos principios superiores y se rigen por ellos. En caso contrario, podemos encontrarnos con que esa «mejor práctica» se opone a la dignidad humana de quienes hacen uso de ella; o con que el último avance pedagógico está basado en una antropología que asume una visión secular y descreída de la humanidad y, por lo tanto, tiende a destruir la fe de quienes caen bajo su influencia; o que en determinados casos el hincapié en el profesionalismo y la respetabilidad implique traicionar el Evangelio de Cristo; o que la búsqueda exclusiva de beneficios acabe subvirtiendo el auténtico fin de la institución.

4. ESTABLECER Y CONSOLIDAR UNAS PRÁCTICAS QUE ENCARNEN LA VISIÓN CRISTIANA

Para que el mundo invisible y espiritual se convierta en la fuerza viva de nuestras mentes, necesita encarnarse de manera visible en el espacio y el tiempo. Este principio presente en la naturaleza sacramental de las cosas, en la comunión entre lo material y lo espiritual, se puede observar en el modo en que Dios se revela siempre. Al darse a conocer como creador, como el centro de toda existencia, como auxilio y redentor de la humanidad, no se limita a dejar que esas ideas penetren de manera esotérica en la mente de la gente, sino que a esas verdades invisibles les da formas visibles que sean su recordatorio y el camino para tener experiencia de ellas. Por eso dispone el Templo y su sacrificio, la Ley, el *sabbat*, la constitución de un pueblo elegido, toda la forma de vida y de culto que los israelitas reciben de Él. Finalmente, ese principio de lo invisible que se manifiesta en lo visible adquiere su forma definitiva en la venida del Verbo de Dios encarnado. Desde entonces la Iglesia lo ha expresado de mil modos distintos. Aunque la fe es mucho más que sus formas externas, no es capaz de sobrevivir mucho tiempo sin ellas.

Lo que se ha dicho de la Iglesia vale también a nivel general. En virtud de una ley que parece inherente a su propia naturaleza, toda sociedad hace explícita su visión dominante en una serie de instituciones y prácticas en las que quedan recogidas sus ideas y sus principios. Es así como dicha visión dominante cobra vida tanto en la mente y en el imaginario de sus miembros como en su entorno físico y temporal. Las cosas que hacemos, la clase y el género de actividades que emprendemos, el modo en que organizamos nuestras vidas y estructuramos el mundo físico que nos rodea, cómo gestionamos nuestro tiempo...: todo guarda una estrecha relación con lo que pensamos y lo que creemos. Así lo recoge el dicho popular de «ojos que no ven, corazón que no siente»: las ideas que no están encarnadas en las cosas de este mundo pronto dejan de estar presentes en nuestra mente. Este principio cobra especial importancia para el cristiano. El cristianismo implica la revelación de un mundo en buena parte invisible y que concierne ante todo al ser de Dios, pero en el que se incluyen también las almas humanas, los seres angélicos, la verdadera patria del hombre en el cielo y el futuro juicio. Si estas realidades invisibles no se encarnan de manera visible, acaban desarraigándose de la mente y del imaginario.

En épocas de cristiandad, la principal influencia a la hora de configurar la «arquitectura» de la sociedad en su conjunto es la visión cristiana. Además de las iglesias y los actos de culto, también la organización de las ciudades, el «paisaje sonoro» de las campanas, las fiestas y los tiempos en que se divide el año, el modo de trabajar, de vestir, de comer y de hablar...: todo ello expresa ese mundo invisible que hay detrás del visible. Si ese mundo cristiano desaparece y la sociedad toma una dirección distinta, los cristianos tendrán que buscar modos de crear una arquitectura social que encarne una visión cristiana cada vez más contracultural.

Si en otro tiempo nuestra sociedad estuvo visiblemente ordenada hacia el cristianismo, hoy ya no lo está: ahora encarna una visión muy distinta que hunde sus raíces en una serie de principios muy distintos. Se ha olvidado de ese mundo invisible y sus ritmos y prácticas se rigen por lo visible y lo temporal. Es lógico que a quienes viven bajo su influencia les cueste seguir percibiendo con claridad las realidades invisibles y eternas. Al final acaban creyendo lo que ven y practican. El soldado destinado lejos de su casa reserva un lugar destacado para la foto de su mujer y sus hijos si quiere conservar la frescura y la lozanía de su afecto y su fidelidad. De modo parecido, tanto cada cristiano como la Iglesia entera tendrán que buscar modos de expresar a su alrededor ese mundo invisible encarnándolo en prácticas y costumbres para evitar que esa visión quede recluida en las capas superficiales de la mente antes de terminar desapareciendo de ella. Eso no significa que, en la mayoría de los casos, haya que construir un mundo social y cultural totalmente distinto: significa que hay que aprender a desembarazarse de algunas de las prácticas seculares que nos rodean y buscar modos creativos de recordarnos el mundo tal y como es en realidad. Podemos introducir algunos cambios en la gestión de nuestro tiempo, en la organización de nuestros hogares y en el empleo de las distintas tecnologías digitales con el fin de ir construyendo una encarnación genuina de una visión cristiana del mundo positiva y coherente.

En este sentido, la liturgia cobra especial importancia como núcleo y semilla de esa encarnación visible de la realidad invisible: un principio general que en el documento del Vaticano II sobre la liturgia *Sacrosanctum concilium* queda expresado de este modo:

> Es característico de la Iglesia ser, a la vez, humana y divina, visible y dotada de elementos invisibles, entregada a la acción y dada a la contemplación, presente en el mundo y, sin embargo, peregrina; y todo esto de suerte que en ella lo humano esté ordenado y subordinado a lo divino, lo visible a lo invisible, la acción a la contemplación y lo presente a la ciudad futura que buscamos (n.º 2).

En una época de declive de la cristiandad, las reformas litúrgicas del Vaticano II fueron un intento de revitalizar la liturgia infundiéndole la energía de una visión del mundo alternativa e integral. Ese objetivo, por desgracia, lo acabó subvirtiendo buena parte de la experimentación litúrgica posconciliar, que tomó la dirección contraria al abrazar y encarnar la visión visible y secular de la sociedad mayoritaria. Nuestra práctica litúrgica exige una atención especial si queremos hacer de ella el eje central de una cultura cristiana encarnada. No obstante, una época apostólica requiere, además del adecuado ordenamiento de la liturgia, ir entretejiendo la vida diaria de prácticas personales y comunitarias y de recordatorios visibles que remitan al mundo invisible.

5. Replantearse la vida y la formación sacerdotales a la luz del actual contexto cultural

Como hemos comentado antes, las familias que se plantean en serio su fe católica consideran cada vez más necesario introducir algunos cambios que les permitan un sano desarrollo en un contexto apostólico y misionero. Lo mismo se puede decir —y con más razón aún— de los sacerdotes. La vida de familia y su cadencia poseen cierta característica natural que encuentra al menos algo de simpatía y alguna afinidad en casi todas las sociedades humanas. Pero, si se prescinde de la noción del mundo que aportan Cristo y la Iglesia, el sacerdote es una figura equívoca cuyo papel en la vida carece de sentido. De ahí que en una época misionera sea deber de la Iglesia prestar especial atención a la formación de los sacerdotes y a la configuración de sus vidas no solo en el aspecto moral, sino toda su atmósfera en general; más aún cuando el sacerdote es particularmente responsable de transmitir la visión cristiana a todos los fieles. El modo en que formamos hoy a nuestros sacerdotes y la forma típica de vida sacerdotal de la que tenemos experiencia se desarrollaron en una época cristiana, y su adecuado funcionamiento está ligado a una sociedad cristiana. Por eso a nadie puede sorprenderle que el declive de la cristiandad vaya acompañado de una crisis de la vida sacerdotal. De ahí la urgente necesidad que tenemos hoy de diseñar vías de formación para los sacerdotes y de facilitar caminos de vida sacerdotal que respondan a las nuevas exigencias de una época apostólica.

En una época cristiana, el sacerdote es un miembro de la sociedad reconocido y comprendido por todos. Allí donde va se sabe cuáles son su identidad y su papel. No por ello deja de aguardarle la importante tarea personal de conformar su corazón y su conducta con Cristo y de servir caritativa y celosamente a aquellos que están a su cargo; pero no es probable que olvide quién es y por qué se le ha escogido para servir. Ha crecido desde niño con un conocimiento implícito de su vocación y todo su entorno se lo recuerda, al tiempo que la visión global de la sociedad le ayuda a hallar sentido a su vida y a sus obligaciones. En una sociedad así es probable que un sacerdote bien dispuesto y fiel a su vocación salga adelante. Su camino está despejado y más que trillado, y su tarea consistirá en llevar a cabo lo que se espera de él con fe, con diligencia y con caridad. Para prepararse necesitará, además de aprender sus deberes sacramentales, recibir formación teológica con el fin de ser una fuente fiable de la verdad cristiana para aquellos a quienes sirve. Tanto la formación de su carácter como su visión global del mundo serán ya en buena medida las adecuadas. El seminario podrá apoyarse en el entorno cultural general para ir edificando y su misión será la de profundizar y purificar lo que el seminarista ya posee por el hecho de ser miembro de su familia y de su sociedad.

El entorno apostólico actual es muy distinto. Los candidatos al sacerdocio —o, al menos, una mayoría— necesitarán, además de formación teológica, convertir su mente y su visión, así como el correspondiente cambio de conducta que contrarreste buena parte de lo que han absorbido de la cultura general. Será preciso reorientar los modelos de vida y las formas de pensar que los han envuelto desde niños —y que suelen actuar sutilmente— no solo hacia un código moral cristiano, que quizá ya sea el adecuado, sino hacia un relato y una visión íntegramente cristianos. De ahí que los recientes esfuerzos por incluir en la formación sacerdotal un año de preparación o de espiritualidad sólidas —un tiempo que sea ocasión para la sanación personal, la conversión intelectual y la «desintoxicación» cultural— estén en línea con las necesidades de nuestro tiempo.

Y, una vez ordenados sacerdotes, son muchas las cosas del entorno cultural que tenderán a destruir la vida sacerdotal a no ser que se tomen las medidas apropiadas para protegerla. En una época apostólica la articulación y la construcción de una sólida vida sacerdotal es necesariamente una empresa común. Solo en circunstancias extraordinarias intenta un general atacar un territorio enemigo bien defendido enviando a sus soldados de uno en uno. En una época apostólica resulta igual de temerario creer que los sacerdotes serán capaces de sobrevivir en una cultura en poder del enemigo, y menos aún de lograr una victoria eficaz sobre ella, conquistándola ellos solos. Ni siquiera Cristo lo intentó: siempre estuvo acompañado; y las primeras misiones apostólicas fueron obra de grupos de trabajadores apostólicos. En una época apostólica al sacerdote no le bastan las buenas disposiciones y la fidelidad, por excelentes y necesarias que sean ambas cosas. Enviar a un sacerdote solo y sin formación en medio de la cultura actual es como enviar a un único soldado desarmado contra una fortaleza bien protegida. La fidelidad por sí sola es incapaz de ganar una batalla como esta.

No se trata tanto de plantearse si hoy por hoy nuestros sacerdotes son o no son fervorosos, o si son o no son trabajadores, fieles a su vocación o buenos y loables servidores, como de la organización objetiva de la vida sacerdotal para un fin concreto. ¿Nuestra formación sacerdotal facilita el contexto adecuado para ese cambio de mente y de visión que exige nuestro tiempo apostólico? ¿Tiende la configuración general del modelo típico de vida sacerdotal —tanto diocesana como religiosa— a dotar al sacerdote de lo necesario para cumplir bien su misión y llevar una vida santa y fecunda? ¿Inspira su atmósfera una visión cristiana integral en quienes se encuentran bajo su influencia? Un examen sincero en este sentido nos llevaría a concluir que ni nuestra actual formación sacerdotal ni la actual configuración de la vida sacerdotal están particularmente bien orientadas al cumplimiento de estas tareas apostólicas. El sacerdote diocesano deseoso de encarnar estas virtudes se encontrará muchas veces borrando —y no siguiendo—las huellas que otros dejaron antes que él en la vida sacerdotal (y lo mismo podría decirse en el caso de al menos algunos sacerdotes religiosos): se verá obligado a construir su propia vida sacerdotal más o menos solo, y los desafíos son muchos. Es fácil que acabe aislándose y que por eso el testimonio de su amor fraterno sea menos auténtico. Las circunstancias lo obligarán a actuar de forma independiente y deberá ingeniárselas él solo en la mayoría de los detalles de la vida diaria. Tendrá una posición desahogada, cuando no acomodada (o, al menos, la vida físicamente confortable de la clase media alta, con frecuente acceso a cosas que estarían fuera de su alcance de no ser por la generosidad de sus feligreses). Se encontrará más o menos solo a la hora de organizar iniciativas evangelizadoras. Estará tan ocupado que le resultará complicado llevar una vida de oración regular y conservar unos hábitos de estudio que le permitan mantener la mente despierta y la predicación al día. Será vulnerable a las sobredosis de medios de entretenimiento, que supondrán un obstáculo para una vida casta y para su propio sentido de lo sagrado, y a través de los cuales se empapará, a menudo de forma inconsciente, de las tesis del relato de un mundo no cristiano. No dispondrá de medio alguno de corrección fraterna y, si empieza a desviarse, es posible que, cuando intenten frenarlo, ya haya recorrido un buen trecho del camino equivocado. En términos generales, peleará por fomentar una visión de la vida íntegramente cristiana en medio de una cultura que promueve una visión distinta y un evangelio distinto. Por eso le costará conservar su celo apostólico a lo largo de sus años y décadas de servicio y es fácil que acabe siendo presa del cansancio, el cinismo, la tibieza y hasta la desesperación.

El hecho de que muchos sacerdotes no sucumban a estas tentaciones y sigan un camino de fervor y santidad y de emprendedora actividad apostólica es un testimonio de callado heroísmo y de la gracia de Dios. Pero, dada la actual situación, no es sorprendente que muchos sacerdotes no consigan evitar las trampas que los acechan. El número de los que abandonan, de los que incurren en escándalo público o de los que se instalan en una vida sacerdotal tibia e infeliz demuestra lo reales que son las dificultades. Muchos de ellos son hombres bien dispuestos cuya suerte habría sido muy distinta de haber contado con un modelo de vida más favorable a su vocación apostólica. Y la energía que requiere llevar una vida de oración, caridad y celo apostólico y conservarla pese a la corriente en contra del entorno puede acabar agotándolos.

La solución a cómo articular y vivir mejor la vocación sacerdotal apostólica en el mundo moderno poscristiano será tarea de toda una generación de sacerdotes y se podrán tomar sin duda caminos muy distintos. En cualquier caso, no es probable que la clase de remedio que se necesita sea lo que suele llamarse «apoyo sacerdotal», que tiende a lo terapéutico y se concreta ofreciendo al sacerdote un poco de amistad y alguna que otra oportunidad de hablar con alguien que lo entiende. Los remedios de este tipo parecen insuficientes para enfrentarse a los desafíos de una época apostólica. Lo que se necesita no es tanto apoyo emocional como toda una estructura de vida en la que el sacerdote pueda ejercer su vocación en bien de los demás. El sacerdote necesita vivir y alimentarse de una visión cristiana y de un patrón de prácticas que afecten a cada aspecto de su vida: un patrón que lo lleve a una obediencia amorosa que contrarreste el ídolo permanente del orgullo; a una castidad que contrarreste la agresiva erotización de la cultura mayoritaria; a una pobreza que contrarreste la avaricia desenfrenada y un consumismo degradante; a la fraternidad y a una vida comunitaria que contrarresten el aislamiento y la fragmentación inherentes a la vida moderna y que den testimonio del amor fraterno; que lo lleve a la oración, a la liturgia y al mundo invisible para permanecer en contacto con los aspectos más importantes de la realidad; a una austeridad que combata el debilitante afán de comodidades y conserve el celo misionero; a la caridad y a una predicación eficaz que haga llegar el Evangelio a los corazones; a amar las Escrituras y al estudio teológico para ser capaz de catequizar y dar a conocer la fe, y de enfrentarse a los retos intelectuales de una época tan compleja; y a iniciativas comunes que sean la punta de lanza de una nueva misión evangelizadora.

Y todo ello impregnado de una visión que lo lleve a la honda alegría de una vida entregada por amor a Cristo y a imagen de Cristo, conformado con Él en el sacerdocio, totalmente consagrado a Cristo y a su servicio.

El fondo de la cuestión no se aborda tanto elaborando un listado de las virtudes deseables en el sacerdote como indagando en el modelo global de formación de los seminaristas y de la vida sacerdotal conforme al cual vive y desempeña realmente su función el sacerdote. En el actual contexto poscristiano ¿facilitan esa formación y ese modelo de vida la transparencia, la santidad y el celo apostólico del sacerdote que voluntariamente se ajusta a sus perfiles? Puede ser que en el pasado a muchos sacerdotes les haya bastado con la configuración actual. No obstante, un modelo de vida sacerdotal que ha sido adecuado para un contexto cultural puede resultar insuficiente, y quizá irresponsable, en otro contexto distinto.

6. Asignar recursos sin perder de vista lo apostólico

En tiempos de transición como el nuestro, los responsables del liderazgo tendrán que estar pendientes tanto de la conservación del orden institucional existente como de desarrollar iniciativas apostólicas. Dado que las obras apostólicas no suelen ser inmediatamente productivas y requieren una forma de pensar diferente, puede darse la tendencia a privarlas de recursos y limitarse a mantener «el sistema en funcionamiento». Desde esta perspectiva, cuando el modo de ordenar la vida y las instituciones de la Iglesia que es propio de la cristiandad se demuestra cada vez menos viable, los recursos disponibles disminuyen y se distribuyen de manera cada vez más dispersa hasta que llega un punto en el que se produce una quiebra institucional generalizada. Lo que se necesita en cambio es —sin llegar a abandonar la estructura institucional vigente— destinar recursos considerables al desarrollo de la clase de iniciativas apostólicas de las que surgen conversiones, especialmente entre los jóvenes. Probablemente no existe una fórmula sencilla que permita decidir cuándo una institución o una iniciativa concretas merecen ser rescatadas y cuándo hay que dejarlas ir o reducirlas al mínimo y dar otro destino a los recursos. Habrá que hacer un análisis constante y prudente de la situación apostólica global.

Esa asignación de recursos no se podrá llevar a cabo sin una seria «voluntad política», ya que implicará, por ejemplo, que varias parroquias compartan el mismo párroco mientras otros sacerdotes dedican su tiempo a actividades aparentemente menos importantes o productivas. Se puede establecer una analogía con un ejército en retirada obligado a renunciar a determinado territorio con el fin de aunar fuerzas para un ataque posterior. Sin ceder ningún terreno que sean capaces de mantener y sin rendir nada a la ligera, se asignarán algunos soldados a preparar la posición de repliegue y, cuando quede claro que no es plausible conservar determinada porción de territorio, se llevará a cabo un repliegue ordenado. El grueso de la fuerza bélica se invertirá en lo que reviste mayor importancia estratégica. La alternativa sería agarrarse de manos y uñas a cada metro cuadrado de terreno hasta que se produzca la debacle y el ejército quede derrotado y sin posibilidad alguna de contraatacar.

Este principio es aplicable a gran escala a una diócesis, a una estructura educativa o a una orden religiosa, pero ha de aplicarse también a cada instancia local de la institución: a cada familia, parroquia, escuela y rama local de una organización. En una época apostólica como la nuestra no existen garantías de que las cosas sigan funcionando por el mero hecho de que haya alguien al frente de ellas. Sin una auténtica conversión de la visión global y una mente bien formada de cada uno de sus miembros, la institución acabará a la deriva o irá desapareciendo lentamente. Los pastores, los directores de escuela y cualquiera que ostente un liderazgo institucional tendrán que estar siempre pendientes de lo apostólico, siempre atentos a localizar entre sus miembros a discípulos verdaderamente comprometidos y a encontrar el modo de fomentarlos. El objetivo consiste en crear un entorno «apostólico-amigable» que aliente la iniciativa misionera creativa.

El modo apostólico de gestión de las instituciones tiende a la renovación, pero en la Iglesia esa renovación nace siempre de grupos (relativamente) pequeños que reciben la gracia de una intensa vida espiritual en bien de todo el cuerpo. Quizá exista el lógico deseo de que todo el mundo aproveche el tirón, lo que para algunos puede significar que cualquier iniciativa que se emprenda tenga que ser cosa de todos. Cualquier grupo u organización con una vida de fe más vibrante de lo habitual provoca intranquilidad e inmediatamente surge el intento de encontrar algún modo de «propagar el fuego» de modo que todo el mundo participe de él. No se puede negar que el don de la fe que reciben una persona o un grupo está destinado a ser un tesoro para toda la Iglesia, pero esto es algo que ocurre precisamente cuando quienes lo han recibido son fieles a su carisma. Intentar difundir ese don indiscriminadamente es como sacar las brasas de una hoguera y repartirlas de una en una por el suelo para que el calor se distribuya mejor. Entonces el fuego se apaga. Quienes tengan alguna responsabilidad deben entender el dinamismo de la renovación apostólica con el fin de promoverla y alentarla adecuadamente. No todo el mundo participará de esa renovación del mismo modo, ni con la misma energía, ni al mismo tiempo.

7. Estar dispuesto a tolerar cierto «lío» apostólico

De una auténtica conversión —más aún si se trata de gente joven— surgen el entusiasmo, la idea de crecer y la urgencia del poder del Evangelio. Pero también es cierto que los discípulos vibrantes y llenos de vida generan problemas. Quizá se den —y de hecho se dan— un celo al que le falte formación, actitudes rigoristas, posturas idiosincráticas e incluso heréticas defendidas con enorme energía y rivalidades entre individuos y grupos. Para un dirigente abúlico eso solo puede traducirse en problemas; al fin y al cabo, un cadáver es mucho más fácil de manejar que un cuerpo con vida. No obstante, la Iglesia debe estar preparada para este caos de energía si quiere continuar con vida y conquistar la cultura mayoritaria. Quienes ocupan puestos de liderazgo —obispos, sacerdotes, rectores de seminario, directores de institutos de distinto tipo, padres y maestros— han de tener instinto para lo apostólico y acoger esa energía apostólica aunque ello implique ciertos riesgos. La Iglesia tiene una larga experiencia en la gestión de esa clase de energía y no debería tenerle miedo. Jesús amaba de un modo especial a Santiago y a Juan, los «hijos del trueno», aunque de vez en cuando tuviera que reprenderlos. Y su elección del apóstol de los gentiles fue un caso potencialmente muy problemático. Uno se pregunta cómo se sentirían Ananías y los demás cuya tarea consistía en ayudar a san Pablo justo después de su conversión en la Iglesia local de Damasco. Pablo estaba muy lejos de ser el modelo de seminarista que con demasiada frecuencia surge de una cristiandad adormecida y en decadencia: amigable, templado y nada problemático. A veces es preferible tener que aplacar el exceso de celo que intentar convertir al escéptico o motivar al apático.

8. Confiar en el testimonio convincente como principal instrumento de influencia cultural

En una época cristiana la Iglesia ejerce buena parte de su influencia desde «dentro» de la sociedad: el cristianismo cuenta con un puesto privilegiado en el seno de la cultura, a sus representantes se les escucha respetuosamente y es mucho lo que se puede lograr mediante la diplomacia, cultivando las relaciones y conservando las posiciones de influencia. El arte de la política, entendida en el buen sentido, pasa a primer plano como medio de orientar la cultura hacia Cristo. En este caso la tarea consiste en estar atento a que quienes obtienen posiciones de influencia y autoridad cultural no se dejen corromper por la avaricia o el deseo de poder y de fama. En una época apostólica lo que ejerce esa influencia es menos el arte de la política que un testimonio vivo del Evangelio que llame la atención. Lo que impactó al mundo antiguo, que al principio acogió con desdén el cristianismo, fueron el coraje de los mártires, los cuidados que los cristianos dispensaban a los pobres y a los enfermos y la rectitud moral con que vivían los creyentes iletrados. Fueron esos testimonios de fe los que finalmente contribuyeron a la conversión de la cultura. Y ahora nos dirigimos de nuevo hacia una época apostólica como aquella.

En tiempos como el nuestro, muchos intentarán ejercer influencia desde dentro, como en las épocas de cristiandad, y se encontrarán con un rendimiento cada vez menor y un efecto cada vez más negativo. Las probabilidades de influir de este modo en la sociedad van disminuyendo y quienes creen estar haciendo progresos lo más frecuente será que descubran que han sido utilizados por otros cuyos intereses eran totalmente distintos. Hace falta un cambio de actitud. En tiempos así la Iglesia ha de fomentar el espíritu de mantener heroicamente su verdadera vocación y dedicar menos tiempo a preocuparse por lo que piensa la sociedad mayoritaria. Eso permitirá la clase de testimonio de fe *capaz* de una honda influencia y de contribuir a la conversión de la cultura. El testimonio de la madre Teresa y de sus hermanas es un ejemplo del tipo de heroísmo diario que exige una época como esta.

Las famosas palabras del papa Pablo VI que encabezan este capítulo y que afirman que el hombre moderno escucha más a gusto a los que dan testimonio que a los que enseñan se entienden mejor desde esta perspectiva. Quizá tendemos a interpretar esta honda intuición desde esa visión personal y moralista tan extendida en la modernidad que nos lleva a pensar que el papa alude sobre todo a una acción moral llamativa que se lleva a cabo individualmente. Y, aunque no cabe duda de que el papa no excluye esa clase de acción y de que se está refiriendo al deber que tenemos los cristianos de vivir la fe que profesamos si queremos que alguien preste oídos al Evangelio, la cosa no queda ahí. Esas acciones morales visibles y llamativas no suelen darse con facilidad; buena parte —por no decir la mayoría— del heroísmo moral cristiano se da lejos de la mirada de la gente. Si volvemos a fijarnos en la madre Teresa, entenderemos aún mejor qué significa dar testimonio de la fe. La madre Teresa hizo algo más que ocuparse personalmente de los que vivían marginados, por espléndido que esto fuera. Dio un paso más al fundar una orden de religiosas cuya vida y forma de ser dan testimonio de toda una visión del mundo. Con sus hogares, su oración, su castidad, su sencillez de vida, su alegría y su trabajo entre los pobres, las Misioneras de la Caridad han encarnado y manifestado de forma convincente ante los demás un modo distinto de verlo todo. Han dado un testimonio conjunto del inmenso tesoro que encontramos en Cristo, de lo innecesarias que son las riquezas, del amor de Dios por cada persona por insignificante que sea; y para millones de personas de todo el mundo el sari azul y blanco de la madre Teresa se ha convertido en un icono del amor y la misericordia de Dios. En una época apostólica el testimonio más poderoso y más auténtico de la Iglesia se da así, en su vida comunitaria, cuyos aspectos apuntan todos a la realidad del mundo invisible.

Es un error no poco común entre quienes adoptan una estrategia pastoral y evangelizadora en esta época nuestra de transición tomar una dirección totalmente opuesta con respecto al testimonio cristiano. Acostumbrados a una situación en que la mayoría social pertenece a la Iglesia, consideran ese estatus mayoritario el normativo para cualquier época y la única posición genuina de la Iglesia dentro de la sociedad. En un momento en el que son muchos los que, influidos por la visión dominante no cristiana, o bien abandonan la Iglesia, o bien siguen siendo miembros de ella pero discrepan de las doctrinas, disciplinas o aspectos de su visión moral que no encajan fácilmente con las posturas culturales dominantes, hay quienes en la Iglesia intentan adaptar o prescindir de los aspectos «problemáticos» del Evangelio para evitar que los bancos de las iglesias se queden vacíos. Desde esta perspectiva, para la Iglesia la peor situación posible es encontrarse con que la mayoría discrepa de ella: eso indica que se ha fracasado en la tarea fundamental, pese a las palabras de Jesús acerca del camino ancho y estrecho, de los muchos y los pocos (cf. Mt 7 *et al.*). Por eso se intenta llegar a ciertas componendas con la esperanza de seguir siendo actuales y relevantes. Si el mundo no se aviene a situarse a la altura de la Iglesia, la Iglesia tendrá que situarse a la altura del mundo. Por comprensibles que puedan ser los motivos de este ajuste, en la práctica este modo de proceder se demuestra ineficaz (por no mencionar la cuestión de la fidelidad al Evangelio). En una época apostólica la Iglesia debe exigir más de sus miembros, y no menos; las líneas distintivas de su vida y su visión tienen que estar más nítidas, no más borrosas. Con ese testimonio inequívoco ejercerá una auténtica influencia en la sociedad.

Esta postura respecto a la vida y el testimonio de la Iglesia presenta otra vertiente. Si en una época apostólica la Iglesia ha de ser más exigente con sus propios miembros, también deberá esperar menos de los que no lo son. A quienes no han vivido una auténtica conversión a un modo cristiano de vivir y de ver las cosas no les exigirá regirse por la forma en que ella ordena su vida, ni tampoco entender cómo y por qué hace las cosas. Esperar que esto suceda significa seguir pensando en clave de cristiandad; significa empeñarse en que la sociedad entera es o debe ser cristiana, al menos en buena parte. Ante un mundo descreído, la actitud fundamental de la Iglesia no consiste en imponer la ley —dando por sentado el conocimiento de su existencia y de sus fines—, sino invitar, con una actitud misericordiosa y esperanzada, a una relación con el Dios vivo y a incorporarse a la nueva humanidad, a un modo de ser y a una visión completamente nuevas que liberan y aportan sentido y felicidad.

A muchos católicos norteamericanos esta doble postura respecto a la Iglesia y a la sociedad mayoritaria les puede resultar costosa: no solo porque indica un tiempo nuevo y lleno de grandes desafíos (en sí mismo, un futuro sombrío), sino porque durante aproximadamente el último medio siglo muchos católicos han asumido inconscientemente un relato norteamericano que, en la práctica, ve a los Estados Unidos como la Iglesia. En el relato mítico norteamericano existe una poderosa corriente que considera a Norteamérica la esperanza del mundo, la verdadera «sal de la tierra». No son muchos los católicos que lo expresarían así, pero esa es la tesis subyacente que está firmemente presente. Se puede observar su influencia en esa especie de fervor religioso del que se reviste el patriotismo norteamericano; en esa actitud de que los asuntos más importantes a los que nos enfrentamos se resuelven en la práctica en el terreno de la política; y en la pérdida de toda esperanza cuando parece que Norteamérica está «perdiendo el rumbo». En quienes hacen suya esta visión se da una especie de transposición. La legítima preocupación por que la Iglesia universal, llamada a ser la luz del mundo y en la que habita el Espíritu Santo, permanezca fiel a Cristo y mantenga un alto estándar de pureza en su misión de salvar a la humanidad se reinventa como la preocupación por que Norteamérica permanezca fiel a sus ideales fundacionales para evitar que el mundo descarrile. Da igual que la misión salvífica norteamericana se vea como la expansión de la democracia capitalista o como la reconfiguración del mundo a partir de los Objetivos del Milenio de Naciones Unidas: el error sigue siendo el mismo. Sean cuales sean las auténticas virtudes y los logros de Norteamérica —que, desde luego, no dejan de ser significativos—, y por deseable que sea que Norteamérica permanezca fiel a sus mejores tradiciones, una visión como esta tiene poco que ver con la fe cristiana y no satisface en absoluto las verdaderas necesidades de la humanidad.

Seamos claros: por mucho que amemos a nuestra nación y deseemos que prospere y ejerza una influencia positiva más allá de sus fronteras, Norteamérica no es en modo alguno la esperanza del mundo. Ese privilegio le está reservado a Cristo, que actúa a través de su cuerpo, la Iglesia. A nadie puede sorprenderle ni puede afectar en nada a nuestra esperanza cristiana, por pobre y mermada que se halle, el que Norteamérica esté sujeta a las corrupciones de la humanidad caída. La Inmaculada es la Virgen María, no la República Norteamericana.

V.
LA TAREA CLAVE: LA CONVERSIÓN DE LAS MENTES A UNA NUEVA VISIÓN

[La misión apostólica de la Iglesia] ha asumido en la historia formas y modalidades siempre nuevas según los lugares, las situaciones y los momentos históricos. En nuestro tiempo, uno de sus rasgos singulares ha sido afrontar el fenómeno del alejamiento de la fe, que se ha ido manifestando progresivamente en sociedades y culturas que desde hace siglos estaban impregnadas del Evangelio. Las transformaciones sociales a las que hemos asistido en las últimas décadas tienen causas complejas, que hunden sus raíces en tiempos lejanos, *y han modificado profundamente la percepción de nuestro mundo.*

PAPA BENEDICTO XVI. *Ubicumque et semper.*

LA PRINCIPAL TAREA EVANGELIZADORA en una época apostólica —una tarea que debe dirigirse también a muchos de los que están dentro de la Iglesia— consiste en presentar el Evangelio de tal manera que a las mentes de quienes lo escuchan se les brinde la oportunidad de transformarse, de convertirse de una manera de ver el mundo a otra distinta.

En una época cristiana una más honda conversión a Cristo suele entenderse como una toma de conciencia más seria de la doctrina *moral* de la Iglesia. Muchos de los que viven en una época así aceptan un conjunto de verdades dogmáticas y de ideales globales: creen que existe un Dios, un cielo y un infierno; que existen un mundo espiritual de seres angélicos y demoníacos y un futuro juicio. Saben a nivel teórico que en esta vida nos preparamos para otra. Puede que esas verdades y esa visión se encuentren adormecidas y apenas influyan en su conducta, pero aun así están presentes. En este contexto, cuando una persona vive una conversión más honda y se decide a plantearse la fe en serio, las consecuencias suelen hacerse patentes sobre todo en la esfera moral: en la disposición a cumplir los mandamientos y a hacer lo que se sabe que está bien. En tiempos de cristiandad buena parte de la predicación y de la doctrina da por sentado todo el relato cristiano y se centra en hacer hincapié en la obediencia a los preceptos morales de la Iglesia. Y aunque es lógico que sea así, el problema está cuando desaparece el marco imaginativo propio de la cristiandad. En ese caso puede surgir la idea, muchas veces asumida de forma inconsciente, de que ser cristiano significa única y exclusivamente llevar una vida moralmente recta. Los comentarios del tipo «conozco a muchos ateos que son más cristianos que muchas personas que pertenecen a la Iglesia» apuntan a esta actitud. Toda la fe cristiana tiende a quedar reducida a regirse por un orden moral concreto.

En un tiempo apostólico quienes dan a conocer el Evangelio, tanto en sus parroquias como en sus familias, deben asumir que la mente y el imaginario de quienes los escuchan aún no han sido convertidos o están a medio convertir, y que han hecho suya en mayor o menor medida la visión no cristiana dominante. La nueva evangelización debe ir dirigida a renovar las mentes, sabedora de que la mente de la gente sufre una embestida diaria de falsos evangelios que generan confusión y distraen de las realidades invisibles para centrarse exclusivamente en los intereses de este mundo. Predicar en una época apostólica exige empezar con la llamada a un modo completamente distinto de ver las cosas; exige ofrecer un relato diferente del gran drama humano; exige aspirar a consolidar los elementos clave de una visión integral cristiana del mundo en el marco de la cual cobra todo su sentido la disciplina moral y espiritual que impone la Iglesia.

Es un error estratégico limitarse a predicar la visión moral del cristianismo antes de que las mentalidades y la visión global hayan al menos comenzado a transformarse. Sería como empezar la casa por el tejado. La razón de que en nuestra época buena parte de la enseñanza moral de la Iglesia caiga en oídos sordos es que carece de sentido dentro de la visión social dominante. Mientras sea esta visión la que prevalezca en la mente de una persona, la enseñanza de la verdad moral (salvo cuando los preceptos morales cristianos coincidan con los de la visión dominante) resultará ineficaz y provocará desconcierto o resquemor.

Pongamos un ejemplo, al margen del ámbito estrictamente moral que aun así no deja de concernirle y saca a la luz una necesidad de nuestra época. Es muy común oír decir que un gran porcentaje de católicos en Occidente no cree en la doctrina de la Presencia Real. Le conceden a la Eucaristía una importancia simbólica y ritual, pero para ellos no existe una transformación del pan y el vino en el cuerpo y la sangre de Cristo. Hay quienes afrontan esta situación insistiendo en la necesidad de ser más claros respecto a la doctrina de la Iglesia; según ellos, da la impresión de que hay mucha gente que ignora qué es lo que se enseña. Aunque es posible que exista cierta ignorancia respecto a la enseñanza de la Iglesia, en este caso hay un factor aún más significativo: la falta de una visión sacramental del mundo. Para estos católicos, que viven inmersos en nuestra cultura y han asumido su visión dominante, la perspectiva materialista y «científica» es evidente por sí misma. Algo que tiene apariencia de pan, sabe a pan y posee la composición química del pan es pan. Y eso no lo cambian unas palabras pronunciadas por un sacerdote en el curso de un rito determinado. Es muy probable que muchos de los católicos que afirman creer lo que enseña la Iglesia sobre la Eucaristía en realidad no lo crean del todo. Puede que el deseo de ser obedientes los lleve a admitirlo, pero lo cierto es que para ellos carece de su significado real: ni siquiera serían capaces de empezar a argumentarlo y perderían fácilmente su débil convicción.

Lo que se necesita en realidad es la conversión de la mente a una visión sacramental del mundo. Vivimos en una realidad sacramental no solo en la misa, sino constantemente: habitamos en un mundo invisible y en un mundo visible; nuestro camino avanza en medio de una mezcla de lo que se ve y lo que no se ve, de tal modo que lo que ocurre en el plano visible tiene sus implicaciones en el vasto mundo invisible. Nuestros cuerpos son sacramentales, una mezcla de lo espiritual y lo material; la noción católica de qué y cómo comemos, cómo nos comportamos sexualmente, nuestro trato a los enfermos y a los difuntos indican cómo funciona el mundo en su totalidad. Sumergir a alguien en agua, siempre que se cumplan las debidas condiciones, traslada a un alma inmortal del reino de las tinieblas al reino de la luz. Marchamos en presencia de poderosos seres angélicos no solo cuando se nos ocurre pensar en ellos, sino constantemente. Tocar a otra persona supone un contacto espiritualmente significativo entre dos seres. El mundo es un lugar encantado, peligroso y trascendente en el que nos labramos un destino de un alcance insondable que supera el tiempo y el espacio. Esta visión del mundo coincide con lo que han descubierto las ciencias naturales y, al mismo tiempo, va más allá. Cuando se conoce y se asume el ámbito que trasciende el mundo natural, todo un conjunto de doctrinas se vuelve más fácil de comprender y de creer.

Lo que es cierto en el caso de la Eucaristía y de los sacramentos es cierto también respecto a buena parte de las prácticas católicas en otros aspectos. La enseñanza católica acerca del sexo cobra sentido si se inscribe dentro de una visión católica, mientras que significa bien poco dentro de la visión naturalista y subjetivista que tiene por defecto la cultura actual, e incluso puede llegar a parecer moralmente mala. La obligación de asistir a misa, el deber de fidelidad en un matrimonio difícil o de obediencia a un superior incompetente, el significado del sufrimiento, la existencia de una doctrina salvadora en la que se debe creer solo se entienden cuando se perciben como la consecuencia natural de una realidad cósmica. Eso significa que dar a conocer el Evangelio en la predicación, en la enseñanza, en la liturgia, en la arquitectura y en las artes debe apuntar a esta conversión de la mente. Necesitamos un contrarelato frente al relato abrumadoramente no cristiano que nos ofrecen hoy en día. Hay que hacer más accesible la visión mítica cristiana (la verdadera) para permitirle expulsar los falsos mitos actuales de las mentes de quienes creen en ellos y de quienes se hacen preguntas. Una vez que eso suceda, serán más fáciles de resolver las cuestiones de moral, la disciplina de la Iglesia y los artículos de la fe. Y, mientras esto no suceda, todo lo que habrá será una conversión a medias y una respuesta al Evangelio confusa y muchas veces inadecuada. Esta conversión de la mente es particularmente necesaria entre quienes ejercen algún liderazgo: obispos y sacerdotes, padres y profesores, escritores, intelectuales y artistas. La gran tarea apostólica de nuestro tiempo consiste en lograr una conversión genuina de las mentes y de la visión.

Así las cosas, la pregunta que se plantea es obvia: ¿en qué difieren la visión cultural actual y la visión cristiana? ¿Cuáles son sus ejes principales? Dar una respuesta adecuada a esta pregunta exigiría una exposición mucho más exhaustiva que la que podemos ofrecer aquí: la confusión que reina en la mente moderna hace difícil un resumen nítido de su visión a veces contradictoria y con frecuencia fragmentaria, y ningún cristiano tiene la última palabra acerca de cómo articular la visión cristiana. No obstante, quizá resulte de utilidad apuntar, aunque sea de forma incompleta, algunos de los ejes más obvios en torno a los cuales trazar esas nociones míticas narrativas. Primero nos detendremos en el modo cristiano de ver las cosas y a continuación esbozaremos la visión moderna y progresista.

Conviene puntualizar que poner el acento en la importancia de un relato global y de un contexto imaginativo de la fe no significa restarle importancia a una cuidada teología, a una filosofía clara, a una catequesis detallada y a un serio esfuerzo moral; pero sí cabe decir que todas las actividades esenciales de la vida de la Iglesia hallarán su plena expresión y surtirán un efecto mayor cuando estén incorporadas a una visión integral del cosmos.

ACERCA DE LA VISIÓN CRISTIANA

El cristianismo es la visión de lo que significa ser humano más escandalosamente trascendente en la que ha creído nadie o a la que nadie se ha adherido jamás. El alcance de esa trascendencia es tan apasionante como aterrador. Buena parte del moderno alejamiento del cristianismo —cuando no se deriva del hastío provocado por una versión diluida y convencional de la fe— no es más que el alejamiento de la dignidad de la existencia que conforma el núcleo de la visión cristiana, una negativa a alcanzar las cumbres a las que todos los hombres hemos sido llamados en Cristo.

En la visión cristiana ser humano es tomar parte en una aventura extraordinaria. Los grandes relatos de aventuras que se han escrito solo son un eco de ella, un pálido reflejo de lo que emprende el ser humano más insignificante. Ese drama empieza antes de nacer y se prolonga después de morir, y todos y cada uno de nosotros tenemos un papel exclusivo que desempeñar en él.

Uno de los aspectos integrales de ese drama es que nacemos en un mundo visible y en otro invisible, y el mundo invisible es incomparablemente más real, más duradero, más hermoso y más grande que el visible. Buena parte de nuestra precaria situación se deriva de nuestra ceguera hacia ese mundo invisible. Estamos atrapados en la ilusión de lo meramente visible y necesitamos curarnos de esa ceguera. Este drama nos lleva a participar no solo del asombroso, espléndido e incomprensible ser de Dios, que nos ha creado con un fin concreto, sino también en una batalla cósmica entre criaturas espirituales más poderosas que nosotros que influyen en la vida humana tanto para bien como para mal. Hemos nacido inmersos en una batalla y cargados con un peso aterrador que al mismo tiempo nos dignifica: el de poder elegir. Tenemos que tomar partido.

Todo ser humano ha sido creado para un destino espléndido al lado del cual las mayores recompensas del mundo no son más que insignificancias; un destino tan elevado que nuestra imaginación apenas es capaz de asimilarlo. No solo estamos destinados a conocer el bien, la felicidad, la fuerza, la continuidad de la existencia; también hemos sido creados para experimentar lo impensable: para compartir la misma naturaleza de Dios, para ser —por emplear esa expresión tan querida por los cristianos de Oriente— «divinizados». Creados a partir de lo pasajero del mundo material que se une a un alma invisible e inmortal, cada uno de nosotros está destinado a lo que cabría llamar dioses: criaturas de una luz, una fuerza, una belleza y una bondad cegadoras que participan y reflejan el poder y la belleza del Dios Infinito.

No obstante, nuestro destino está amenazado. De no ser por la intervención de Dios en nuestra historia mediante un increíble acto de humildad y de amor, nuestro propio orgullo y nuestra rebeldía nos habrían llevado a perder nuestro destino divino. Individualmente y como raza, hemos recibido una herida mortal y perdido nuestro propósito original; nos hemos convertido en esclavos de las malignas criaturas espirituales que dieron la espalda a la bondad y a la luz de Dios y quedaron deformadas y llenas de malicia.

Buena parte de la verdadera historia de la raza humana permanece oculta; hay sucesos sumamente importantes que tienen lugar escondidos a ojos de este mundo. El suceso histórico cuya importancia supera a todos los demás en muchos órdenes de magnitud es que Dios vino en medio de nosotros en forma humana. Vino no solo a enseñarnos la verdad, sino a luchar por nosotros contra los poderes de las tinieblas y, después de vencerlos, a darnos nueva vida, individualmente y como raza. Ofreció su vida para que regresáramos de entre los muertos e incorporarnos a su naturaleza divina. Y de ese suceso apenas se percató la gente poderosa y adinerada de su tiempo; la mayoría ni siquiera se enteró, y los que sí lo hicieron casi no le dieron importancia. Pero desde entonces ese suceso ha hallado eco en cada rincón del mundo. Y ese patrón se repite constantemente. Esa trascendencia escondida es igual de real en la historia de cada individuo. No existe nada inmediatamente visible que nos permita calibrar la verdadera importancia de una vida humana, tanto en lo referente a su fin último como a su influencia en los asuntos humanos temporales.

Con su venida para ayudar y salvar a la humanidad, Dios no interviene solo desde fuera. Nos confiere una inmensa dignidad al hacerse uno de nosotros; ordena las cosas de manera que el ser humano pueda tener el honor de imponerse a los enemigos de la humanidad. Y establece una sociedad en medio de un mundo en tinieblas, una especie de colonia del cielo en la que Él mismo habita y de la que se reviste, y a todo el que le sigue le concede participar de su propia vida, junto con importantes responsabilidades y notables poderes para continuar la obra de salvar y sanar a la raza humana. La suerte de esa sociedad y la historia en curso de un Dios que saca a los hombres de la esclavitud para conducirlos a la divinidad es el drama central de la humanidad, al lado del cual el auge y la caída de cualquier nación y civilización solo tienen una importancia efímera.

Este mundo visible tendrá un final definitivo; el mundo invisible, del que cada uno de nosotros formamos parte, durará para siempre. Somos criaturas en período de prueba a quienes la misericordia de Dios nos brinda la oportunidad de trabajar por nuestra salvación, individual y comunitariamente, «con temor y temblor» (Flp 2, 12). Aquí nuestra gran tarea, toda nuestra existencia, consiste en encontrar y abrazar nuestro auténtico destino y ayudar a los demás a hacer lo mismo recibiendo y abrazando la misericordia que se nos ofrece. Hay dos posibles destinos —y solo dos— para cualquier ser humano: alcanzar la vida pensada para nosotros como miembros de una humanidad renovada y que se nos ofrece a través del Dios hecho hombre, o rechazar obstinadamente esa vida y acabar siendo un fracaso inmortal. No hay ser humano que escape a una de estas dos posibilidades y la elección es inevitable: hemos de optar por una cosa u otra.

Al no encontrarnos aún en el lugar al que pertenecemos, ni geográficamente ni por lo que respecta a nuestra creación final, en esta vida no podemos ser plenamente felices. Somos criaturas con el corazón puesto a prueba, a la espera de nuestro verdadero hogar. Cuando este mundo visible llegue a su fin y todo sea creado de nuevo —algo que puede suceder en cualquier momento—, habrá un juicio final de toda la raza humana. No habrá historia que no se cuente como realmente es, no habrá secreto que no salga a la luz, no habrá mentira que no quede al descubierto. Entonces Cristo decidirá quién ha respondido al don gratuito del perdón y es merecedor de «entrar en la vida» y gozar del reino de la luz y la inmortalidad. Quienes lo merezcan hallarán triunfalmente satisfechos los lacerantes anhelos de perfección, de comunión y de amor, de justicia, de plenitud, de belleza y de bondad en una danza de gozo y comunión y experimentarán aquello para lo que fueron creados.

Por eso el brevísimo tiempo de vida que se nos ha concedido en esta tierra tiene una importancia a la vez nimia y decisiva: es de una importancia nimia en sí mismo y al mismo tiempo decisiva por aquello para lo que nos prepara. Los cristianos se toman las cosas de este mundo a la ligera, pero también muy en serio. Evitan la pugna por el dinero, la fama, el poder y el placer tan característica de nuestra raza caída, sabedores de que estas cosas carecen de una importancia definitiva. Pero son conscientes de que con su gestión de los detalles de la vida, hasta de los más pequeños, se están labrando un destino eterno. Combaten las tinieblas que hay en su interior y abrazan la vida de amor que Cristo les ha brindado, gozosos de conformar sus voluntades con la suya, sabedores de que la obediencia a Cristo no los limita ni les impide desarrollarse, sino que los conduce a su verdadero yo, a la libertad y la plenitud.

Viven como desterrados, esperanzados y librando un fiero combate, a la espera de la victoria definitiva de Dios, llenos de gratitud por lo que han recibido, llenos de esperanza por todo lo que se les ha prometido, llenos de un amor que nace de Cristo hacia quienes necesitan escuchar la buena noticia de un Dios misericordioso que perdona y regala sus dones. Viven en el mundo visible sin perder nunca de vista el invisible; habitan en el tiempo siempre conscientes de que sobrevuelan los límites de la eternidad; visten un pobre disfraz a la espera de ser revestidos de fuerza e inmortalidad. Se alzan cuando caen y alcanzan las cimas de la divinidad reconociendo y arrepintiéndose de sus pecados, y ocupando voluntariamente el último puesto junto a Cristo. Encienden sus mentes con el fuego de las vidas de los santos, esos campeones de la fe en quienes mayores han sido la acción de Cristo y la nueva vida que Él aporta. Combaten por el bien y por la verdad para la conquista de un reino.

Una vida así, caracterizada por el amor a Dios y a los demás, vivida como miembros de la nueva humanidad, por mucho que se sufra en ella, por oscura o difícil que sea o por llena de aparentes fracasos que esté, es un éxito victorioso que culminará en una corona de bienaventuranza y belleza. Una vida colmada de éxitos materiales, de fama y de logros, pero carente de amor, es un fracaso funesto que culminará en tinieblas y eterna podredumbre.

Esta insuficiente exposición de la visión cristiana no tiene **NINGUNA PRETENSIÓN DE EXCLUSIVIDAD**; habrá sin duda quien dé mejor cuenta de ella. Lo importante para una época apostólica es su carácter narrativo y mítico. Hoy en día es demasiado frecuente que a la mente del creyente o de quien se hace preguntas se le presente el cristianismo como un conjunto de normas que cumplir, o como una serie de afirmaciones doctrinales sin conexión que hay que aceptar, o como una institución a la que se pertenece. Y no se suele presentar como un modo de ver las cosas en su totalidad. A veces hasta puede parecer que las reglas y las normas son un obstáculo para la felicidad del hombre. Tener una visión apostólica (insistamos en ello) es ser consciente de que los cristianos no ven *algunas* cosas de manera distinta a los demás: lo ven *todo* distinto e iluminado por el extraordinario relato que se les ha dado a conocer. Ser apostólico es algo más que asumir una serie de verdades doctrinales o de preceptos morales, por importantes que estos sean: es participar a diario en la aventura que surge del encuentro con Cristo; es ver en cada momento los acontecimientos y a los demás a la luz de esa visión; es entusiasmarse por la arriesgada y gozosa tarea de aprender a dejarse transformar en seres divinos en camino hacia el éxtasis eterno en el vivificador abrazo de Dios.

ACERCA DE LA VISIÓN PROGRESISTA MODERNA

Una vez desaparecida la visión de la cristiandad, en la mentalidad occidental no se ha impuesto un único imaginario, sino más bien un caos formado por retazos y fragmentos confusos que no llegan a encajar fácilmente en un todo coherente. Se trata de una visión de las cosas borrosa y con frecuencia miope. Con todo, hay ciertos temas recurrentes que componen la base de la mayoría de sus variantes. Si enumeramos estos elementos no es para analizarlos filosófica o críticamente, sino para identificar los principios fundamentales asumidos y que dotan a esta visión de su fuerza mítica. Al progresismo moderno y, en mayor o menor medida, a todos nosotros nos gusta alardear de nuestra forma racional y científica de ver las cosas. No obstante, el poder de la visión moderna no reside en la certeza científica. Sus raíces más seductoras no son la razón ni la ciencia, sino la utopía romántica. Los progresistas modernos son en general llamativamente inmunes a los datos reales. Primero abrazamos unos ideales utópicos concebidos teóricamente para a continuación empeñarnos en que la evidencia encaje con nuestras visiones míticas, tanto si se trata de la visión igualitaria como de la feminista, la económica, la medioambiental o la sexual.

1. La fe en el progreso

El relato global que surge en Occidente en los siglos XVII y XVIII está formado a partir de préstamos de la visión cristiana de la que surge, sin dejar al mismo tiempo de combatirla. Entre esos préstamos uno de los más importantes es la creencia de que la historia «se dirige hacia algún sitio». La visión judía de la historia abrazada y difundida por el cristianismo sostiene que el conjunto de la historia humana es un relato con un principio y un final: no hay ruido ni furia que no se interpreten como un relato dramático que tiene a Dios por autor. Según este relato, la raza humana avanza no solo en el tiempo, sino de estados inferiores a otros superiores: de la nada a seres creados; de criaturas caídas y mortalmente heridas a hijos e hijas de Dios llenos de vida divina; y, finalmente, para quienes conquisten el Reino, de la carne y la sangre a una corporeidad espiritual y gloriosa y a la plena participación en lo divino. Toda la mentalidad cristiana, de acuerdo con la enseñanza de Cristo, se orienta al futuro. Como el apóstol Pablo, los cristianos olvidan lo que queda detrás y se lanzan hacia aquello a lo que Dios les llama desde arriba (Flp 3, 14). Los ilustrados hacen suya esta visión celestial y la transforman en una visión terrenal de la perfección en el espacio y el tiempo. Lo que para los cristianos solo podía hacer Dios en un clímax dramático que marcaría el final de la historia ahora es capaz de lograrlo el propio esfuerzo humano dentro de los límites del tiempo histórico. No se pierde de vista la perfección de la raza, pero cambian totalmente los medios, las condiciones y el origen de esa perfección. Lo que se despliega ante sus ojos son visiones de una humanidad que vive en perfecta armonía y plena prosperidad y en la que reina la justicia y se practica la virtud, y que no es un mero «castillo en el aire», sino que puede existir ya, aquí y ahora. Eso es lo que justifica llamar «progresista» a esa visión.

Esa visión progresista es algo más que la mera esperanza en un progreso hacia el bien: es la fe en el inevitable ascenso de la humanidad hacia una condición mejor y más feliz. Fascinada en buena medida por los resultados de las ciencias aplicadas en la manipulación de determinados aspectos de la vida humana en un ámbito limitado y con una imaginación cautiva de las teorías de la evolución, la mente moderna llega a creer que la raza humana lleva *necesariamente* un curso ascendente no solo tecnológicamente (lo que tiene su lógica), sino también social y moralmente (lo que no tiene ninguna lógica). Hasta el punto de creernos superiores a nuestros antepasados no solo en la velocidad del transporte o en el flujo de información, sino en rectitud moral y en sabiduría acerca de los aspectos no tecnológicos de la vida... por el mero hecho de haber nacido más tarde que ellos. Desdeñar cualquier actitud moral, cualquier práctica espiritual o cualquier ápice de sentido común que cuenta con una larga tradición con frases como «eso ya no está de moda», «oye, que esto es el siglo XXI» o «estar en el lado correcto de la historia» indica que se ha asumido inconscientemente la doctrina del progreso. De no ser así, esas frases resultarían de una necia fatuidad. Y, sin embargo, a nadie le parecen necias porque el progreso moral se ha asumido de manera universal: es uno de los principios fundamentales de la mente moderna.

Trasladar al tiempo histórico la esperanza en una sociedad humana perfeccionada cuenta con un potencial inmenso. Pero también conlleva una manera nueva de relacionarse con el mundo. Como el mundo se considera perfectible y como somos nosotros quienes debemos perfeccionarlo, la visión progresista ha generado una enorme impaciencia frente a cualquier imperfección. En el cristianismo la preocupación por los que sufren ha sido siempre una fuerza moral: dar de comer al hambriento, vestir al desnudo, cuidar del enfermo y aliviar el peso de los años; aspectos todos ellos del mandamiento del amor al prójimo. La visión cristiana no se plantea acabar definitivamente con los problemas derivados de la pobreza, la enfermedad o la vejez al margen de la acción soberana de Dios: estas situaciones son parte de las heridas de una humanidad caída, y solo su parte más visible. Aún peores son la situación de pecado y la separación de Dios que han empobrecido a toda la raza humana y de las cuales estas manifestaciones físicas no son sino la expresión externa. Quien ama y ayuda al necesitado no lo hace por «arreglar el mundo», sino porque el necesitado es un ser creado por Dios con un destino divino; porque es de algún modo una representación sacramental de la pobreza, el hambre y la enfermedad de todos; y porque así participa místicamente de la abnegada caridad de Cristo que actúa a través de su cuerpo.

La visión progresista moderna conserva la preocupación por el pobre y el enfermo, aunque con una diferencia que se manifiesta de manera bastante sutil, pero que arrastra graves consecuencias. Bajo la influencia de la visión utópica de una sociedad perfeccionada gracias al esfuerzo humano, es inevitable que del humilde amor al pobre se pase a aborrecer altivamente la pobreza; del amor al enfermo a aborrecer la enfermedad; del amor a los ancianos a aborrecer los estragos de la edad. El objetivo está en alcanzar cierto estado terrenal de salud física y social. ¿Y qué ocurre si son demasiados los pobres para alcanzar una riqueza razonable, o demasiados los enfermos que carecen de cura, o demasiados los ancianos debilitados por ciertas consecuencias de la edad imposibles de revertir o mitigar? Una lógica perversa, pero inevitable, lleva a soluciones como las de erradicar a los pobres, eliminar a los enfermos y aplicar la eutanasia a los ancianos. Según el relato moderno, se trata de solventar de manera radical los problemas de la humanidad; por eso el sufrimiento ofende, es un estorbo y no se debe tolerar. Lo que mueve todo es el orgullo, no el amor.

Cuando se enunciaron y se predicaron por primera vez las líneas generales de esta visión progresista, había grandes expectativas de que la transformación radical de la raza humana se hallase a la vuelta de la esquina. Se trataba de un nuevo amanecer, de una re-creación de la humanidad, de una ruptura con toda la oscura historia de la raza. Por muy ingenuo que pueda parecernos hoy, existía una confianza conmovedora en acabar con el mal, en establecer la justicia, eliminar los vicios e instaurar la paz y la bondad para toda la raza humana gracias a los esfuerzos de gente impetuosa con las ideas adecuadas y el conocimiento y las habilidades necesarias para ponerlas en práctica. El evangelio del progreso, no obstante, no ha cumplido sus promesas, salvo en el ámbito del crecimiento del poder tecnológico del hombre y, en consecuencia, la mejora de la salud y el confort físicos. Vistos los horrores del siglo XX, concluir que existe una inevitable mejora moral de la raza humana exige cerrar los ojos a un cúmulo de evidencias. Idéntica lección hemos aprendido de la implementación de tantos planes y programas de mejora social y moral. El fracaso absoluto del intento comunista soviético de construir una sociedad perfecta es el ejemplo de fracaso global más clamoroso. Incluso cuando se ha obtenido algún bien, se ha quedado tan lejos de lo prometido que cada vez es más difícil creer sinceramente en el evangelio progresista salvo en el caso de los jóvenes, que aún no han vivido la experiencia contraria y todavía pueden dejarse cautivar temporalmente por el vino embriagador de experiencias como la de Woodstock. Las promesas incumplidas nos han dejado a muchos en situación de precariedad. Aún seguimos hablando el idioma de la visión progresista en los programas políticos, económicos y sociales y en el mundo académico: es la única que se ofrece. Pero ¿cuántos de los que trabajan en el gobierno, en los servicios sociales, en el mundo académico o en la empresa creen en la retórica? Eso explica que predomine entre nosotros una figura típica: la del progresista cargado de buenas intenciones, pero descorazonado y algo cínico. El progresista moderno típico, que ha dejado de creer que el mundo está en un proceso de transformación ineludible hacia el bien pero aun así conserva cierto vínculo sentimental con un ideal de juventud perdido junto con el deseo de hacer algo positivo, ya no tiene grandes sueños y está más preocupado por labrarse una vida personal próspera y confortable, sin dejar al mismo tiempo de hacer lo posible por lograr un mundo algo diferente.

2. La negación de la caída

Uno de los perfiles básicos que configuran la visión progresista moderna es la negación de la caída como parte de la explicación de la maldad humana. Los cristianos habían enseñado desde siempre que la raza humana recibió una maldición derivada de sus propios actos y que una de las fuentes fundamentales de la existencia del mal en el mundo era la herida que el orgullo y el rechazo de Dios dejaron en nuestros corazones. Es célebre la respuesta, resumida en una sola palabra, que recibió un periódico londinense cuando pidió a G. K. Chesterton que escribiera algo sobre «lo que está mal en el mundo»: «Yo», contestó. Según Chesterton, la primera y principal tarea del cristiano para hacer del mundo un lugar mejor es la de estar

129

atento a la propia conversión. La visión progresista, por el contrario, aun siendo consciente del mal que hay en el mundo, encuentra su origen en otra parte: no es el resultado de la herida interna que hay en todo hombre, sino producto de la ignorancia, o de las leyes físicas, las estructuras sociales o las leyes psicológicas. No hay necesidad alguna de entablar una humillante y permanente batalla para forjarse un corazón nuevo: el mal puede eliminarse y puede instaurarse el bien si se obtiene y se aplica el conocimiento necesario.

Tras descartar el mal del corazón del hombre y sin dedicar demasiado tiempo a la idea del mal personal en los seres angélicos caídos, la visión progresista aún sigue necesitando identificar un origen del predominio del mal activo en el mundo. Y ese origen se atribuye siempre a un grupo de personas a las que se considera un estorbo para la marcha del progreso humano. Puede ser la aristocracia, o pueden ser los judíos, o la burguesía, o los homófobos, los que tienen hijos, los reaccionarios, o quien sea. Frente a ellos están los puros, los ilustrados, los que se encuentran «en el lado correcto de la historia». Con los demonios confinados en el cuarto de los niños, cualquier visión progresista utópica se ve obligada a demonizar a una porción de congéneres, provocando enormes injusticias y a veces hasta el trato más bárbaro dispensado a los humanos a lo largo de la historia. Pero quienes están bajo la influencia del mito progresista no lo ven así. Según la visión cristiana, solamente el demonio merece un odio total; al prójimo hay que tratarlo con respeto; y a los enemigos, sorprendentemente, incluso con amor. Al menos ese es el ideal. Según la visión progresista, a algunos humanos conviene odiarlos con el odio absoluto que en otro tiempo se reservaba para el demonio. Esta actitud, manifestada en sucesos como los del Reinado del Terror, los gulags, el Holocausto y las fábricas de abortos, está justificada por el empeño en cumplir la promesa de perfección de la visión progresista. De ahí que la negación de la caída conlleve inevitablemente una cultura de muerte: no porque quienes la niegan estén dispuestos a matar, sino porque el ideal utópico se topa con una humanidad fatalmente defectuosa. Las únicas opciones son o bien erradicar a aquellos cuya presunta debilidad o maldad impiden que se haga realidad el sueño de la nueva humanidad, o bien renunciar a todo el proyecto.

3. Dios excluido

El mito narrativo moderno y sus múltiples formas presentan una constante: la de excluir a Dios como actor de la historia humana. Algunas veces hay un relato explícitamente ateo que así lo pone de manifiesto, pero es frecuente que no lo haya. Lo normal es que la visión moderna no afirme «Dios no existe», sino «Dios no importa», que a efectos prácticos viene a ser lo mismo. Para la visión progresista moderna, es razonable que uno mismo intente dar sentido a su vida, elegir a sus amigos, dedicarse a sus asuntos amorosos, tomar decisiones sobre el matrimonio y la familia, labrarse una carrera, organizar los asuntos del gobierno, instaurar y mantener la justicia, gestionar las relaciones geopolíticas, decidir qué está bien y qué está mal...; todo ello sin recurrir para nada a lo divino, sin consultar con quien lo ha creado todo y «sostiene el universo con su palabra poderosa» (Hb 1, 3). La visión moderna conlleva lo que cabe llamar un ateísmo práctico, sean cuales sean las creencias personales de muchos de los que la secundan.

De ahí que para la visión progresista moderna la religión sea algo que uno se guarda de forma instintiva para convertirlo en un asunto totalmente privado. A los norteamericanos nos gusta ser religiosos, pero también nos gusta personalizar nuestra religión a nuestro antojo. No nos interesa una religión que dé cuenta de la realidad; se trata más bien de algo que mejora nuestra experiencia y nos ayuda a gestionar el estrés de la vida. No buscamos tanto a un Señor como a un terapeuta. Visto así, eso de «lo que a cada uno le venga bien» tiene su lógica. En caso de que una religión determinada se convierta en motivo de fricción porque sus adeptos la consideran una verdad universal, la hostilidad es inmediata. No puede sorprendernos que el progresista moderno se tome en serio una afirmación tan históricamente insensata como la de que «las religiones han sido el principal motivo de las guerras a lo largo de la historia». Esta afirmación no se admite porque sea cierta, sino porque se ajusta al mito progresista y lo respalda.

De la exclusión de Dios se deriva un desafortunado subproducto: el de descubrir que el universo es un lugar muy aburrido. Dios es la única personalidad realmente interesante; y un mundo que destierra a Dios destierra a su única fuente genuina de vida e interés. Esto explica parte del aburrimiento generalizado de la época moderna. Como no tenemos ningún interés absorbente ni duradero que involucre a toda nuestra mente y a toda nuestra persona, necesitamos estar constantemente estimulados y distraídos. Cuando las cosas se ven como reflejos de la infinita creatividad de Dios y como parte de un drama trascendente, todas, hasta la más insignificante, cobran interés. Con un Dios ausente, no existe nada —ni el arte, ni la política, ni los deportes, ni el sexo, ni el dinero, ni «el hombre más interesante del mundo»— capaz de mantener a raya durante mucho tiempo ni el aburrimiento ni la falta de ilusión.

4. Intoxicados por el mundo del espacio y el tiempo

El proceso mediante el cual una persona abre los ojos al mundo invisible y a todas sus ramificaciones es casi una definición de la conversión cristiana. «No nos fijamos en lo que se ve», dice san Pablo, «sino en lo que no se ve; en efecto, lo que se ve es transitorio; lo que no se ve es eterno» (2Co 4, 18): una afirmación que reelabora la enseñanza de Jesús acerca de atesorar en el cielo, donde no hay carcoma, ni ladrones, ni polilla (cf. Mt 6). En la visión cristiana lo que es invisible pero real —Dios, los seres angélicos, las almas humanas, el trono del cielo— ocupa el primer lugar y el de mayor importancia. Las cosas que se ven solo son importantes en la medida en que revelan y nos abren al mundo invisible que se fusiona con ellas y las sostiene. Ese es el significado de la sacramentalidad. La visión progresista moderna es casi la antítesis de esa sacramentalidad. La visión moderna nos lleva a fijarnos —constante, ansiosa e ininterrumpidamente angustiados, esperanzados y anhelantes— en las cosas que se ven. Aunque sepamos teóricamente que existe lo invisible, poco nos importa. Nos distraemos, disfrutamos y nos encandilamos con las cosas temporales y sensibles, e intentamos que nuestras vidas cobren sentido de acuerdo con esta única lógica.

Es natural que la visión progresista moderna plantee en términos políticos las relaciones humanas y toda la estructura de la vida diaria. Creemos que la paz mundial y el contento social solo se pueden alcanzar si creamos las estructuras políticas idóneas e implementamos los programas adecuados. Cuando surge un problema, buscamos una solución política; intentamos gestionar la complejidad de los asuntos humanos estableciendo políticas y protocolos; vivimos de la publicidad y de las encuestas; creemos conocer el «estado de las cosas» viendo un montón de programas de actualidad.

Es lógico que esta visión nos lleve a gastar tantos billones de dólares en la atención sanitaria y que médicos y psicólogos gobiernen como sumos sacerdotes de la cultura. Es lógico que la prosperidad económica nos parezca el principio y el fin del éxito humano y que consideremos marginados y oprimidos a los que no tienen recursos. Es lógico que nos ofenda el sufrimiento y que hagamos todo lo posible por maximizar nuestra comodidad, hasta el punto de exigir una muerte confortable. Es lógico que pensemos que los asuntos más importantes que tenemos por delante sean los del planeta y su viabilidad. Es lógico que nos obsesionen la apariencia física y los suntuosos oropeles del éxito. Es lógico que calculemos minuciosamente si vamos a tener hijos, y cuántos y de qué tipo nos gustaría que fueran, empleando la ecuación del disfrute inmediato, y que muchas veces decidamos no tenerlos o bien deshacernos de los que han sido concebidos «accidentalmente», dado que son prohibitivos desde el punto de vista económico y generan un montón de problemas. Es lógico que nos aferremos a un relato del éxito limitado por nuestra fecha de nacimiento y nuestra fecha de defunción: un relato lleno de imágenes de amigos interesantes, carreras gratificantes, relaciones sexuales dinámicas y significativas, experiencias intrépidas y entretenidas, y una plácida edad de oro.

De la visión progresista cabe destacar la pérdida de trascendencia: la desaparición de un juicio final y de la idea de que los seres humanos pasan por una criba y una prueba de grandes consecuencias prácticas para después de esta vida. La visión progresista no admite el infierno y, aunque muchos siguen creyendo o esperando un cielo, lo hacen de un modo vago y difuso. Los únicos criterios significativos para juzgar el éxito o el fracaso son los visibles: la fama, el poder, el dinero, el confort y el enriquecimiento personal.

Y como en realidad somos almas inmortales creadas para danzar con el Dios vivo y llamadas a un destino eterno que no dejará de perseguirnos, es lógico que una visión tan pobre genere en nosotros una insidiosa desesperanza y un intento de medicalizar nuestra miseria con ingentes dosis del verdadero opio del pueblo: el ocio digital.

5. La libertad de elección: esencia de la dignidad del hombre y fuente de su felicidad

En la visión progresista moderna la «libertad» es una idea cautivadora. El relato moderno es el de la liberación de unas fuerzas opresivas. Maximizar la libertad humana se considera una tarea moral evidente por sí misma y una fuente evidente por sí misma de felicidad y dignidad humanas. Pese al complejo significado que encierra la palabra «libertad», pese a lo que ha significado y no ha significado según la época, pese a las muchas condiciones —tan difíciles de establecer a veces— que requiere promoverla, pese al cúmulo de temas complejos que habría que desentrañar en una frase tan sencilla como «el destino de los hombres es la libertad»; pese a todo ello, en el vocabulario progresista «libertad» es una palabra nada compleja que se refiere a una única idea. Basta con que una causa cualquiera, un programa, una actividad, una persona declaren promover la libertad para que asumamos que se trata de algo bueno. Basta con creer que algo se interpone en el camino de la libertad para que no quede duda alguna de que hay que erradicarlo. Buena parte del poder mítico de la visión progresista procede de su pretensión de defender la libertad y, por lo tanto, de conferir al ser humano una dignidad cada vez mayor.

La libertad es un concepto y un ideal que ha estado en el núcleo de la civilización occidental desde que surgió en el mundo griego y fue difundida por el cristianismo. Toda la esperanza cristiana se resume diciendo que la humanidad ha sido liberada en Cristo —de la muerte, de la tiranía del demonio, de las pasiones destructivas, de la ignorancia— y su estatus transformado en el de hijos e hijas de Dios como hombres y mujeres libres. Ser hombres libres era el principal objetivo de la civilización y a ese objetivo se orientaba la educación tradicional en las artes liberales. En la noción clásica y cristiana de la libertad estaba implícita la idea de que somos más libres cuando somos más plenamente lo que estamos llamados a ser, cuando más cerca estamos de la auténtica naturaleza que hemos recibido. De ahí que en la visión mítica cristiana ser libre significa convertirse en una imagen concreta: la imagen recibida de Dios que nos ha creado y conforme a la cual alcanzaremos la felicidad y el bien. La libertad, por lo tanto, no era un concepto arbitrario, sino una misión con un objetivo. Alcanzar la libertad exigía siempre una seria disciplina ajustada al bien, a la verdad y a la rectitud.

En la visión progresista la libertad significa algo muy distinto: la posibilidad de elegir lo que cada uno desea en cada momento. Soy más libre cuando no hay nada que me impida hacer lo que quiero, y seré más feliz, más plenamente humano y más digno cuanto más libre sea de elegir lo que quiero. Soy yo quien decido lo que está bien y lo que está mal y cómo me planteo la existencia. El mayor bien consiste en ser autónomo (un rebelde sin causa). La persona más digna es la que ha encontrado su identidad, la que ha decidido quién o qué (él o ella indistintamente) quiere o no quiere ser.

Una visión como esta, aunque sea de forma inconsciente, convierte a Dios en el mayor enemigo de la humanidad. Si existe un orden espiritual y moral que tiene su origen fuera de mí mismo y si ha habido una intención en mi creación y se me ha dado una naturaleza, entonces no soy plenamente libre para ser mi propio creador y mi autonomía se ve amenazada. Y, para proteger esa autonomía, a Dios se le coloca siempre al margen del mito moderno. En caso de que exista, no es más que un principio vago y confuso que admite una maleabilidad

137

casi infinita; una especie de emanación espiritual que me permite construirme mi propia idea del yo y del mundo que me rodea.

La insistencia en la autonomía que se da en la visión progresista ha provocado un delirio destructivo contra todo lo que se considera un obstáculo para la libertad personal. La libertad no se logra construyendo minuciosamente a lo largo del tiempo las condiciones que brindan al ser humano la oportunidad de alcanzar su verdadera naturaleza, sino rompiendo las cadenas que controlan la voluntad individual. Desde esta perspectiva, se dota a la revolución de una especie de hechizo moral que la convierte en un instrumento privilegiado de libertad, y derribar Bastillas (en cualquiera de sus formas: normas morales, convenciones sociales, tradiciones religiosas o gobiernos opresivos) es la misión obvia de la gente responsable. Esto explica en parte la insólita barbarie de tantos aspectos de la modernidad. Pese a su sofisticación, a los oropeles de su retórica y a sus altas expectativas de bien, su entraña es destructiva. Su promesa de un paraíso social y personal lleva aparejada una engañosa manera de entender a la humanidad y sus males; y pensar que la deseada utopía llegará sí o sí una vez derribados los obstáculos necesarios ha dejado demasiadas veces tras de sí no un jardín frondoso, sino un desierto horrible y yermo.

6. La experiencia por defecto de la satisfacción del cliente

Pese a todos sus grandiosos elementos utópicos y a su impresionante fuerza narrativa, en la práctica la visión progresista ofrece a la persona muy poco de lo que vivir día a día. Al fin y al cabo, todos habitamos un universo propio y nuestro mundo personal necesita unas aspiraciones y unos ideales. Las frases grandilocuentes del tipo «hacer del mundo un lugar mejor», «ayudar al futuro de la humanidad» y «luchar por la esperanza y el cambio» tienen un significado demasiado vago y el modo de lograrlo es demasiado impreciso para servirnos de fundamento. Necesitamos un relato que nos toque más de cerca; necesitamos saber que cada uno de nosotros recorre a diario un camino que conduce a la plenitud personal, y en este sentido la visión utópica progresista no nos ofrece mucho de lo que nutrirnos. De ahí que la visión por defecto que guía a mucha gente sea la satisfacción del cliente. Ejercitamos nuestra libertad comprando lo que deseamos; hallamos un sentido si nos mantenemos al día del «próximo gran avance»; hacemos del mundo un lugar mejor construyéndonos minuciosamente nuestra propia fe de vida sellada con nuestras elecciones como consumidores. Resulta irónico que la estimulante proclamación del evangelio progresista acerca de rehacer y perfeccionar la raza humana excluyendo a Dios y tomando las riendas de nuestro destino personal acabe en muchos casos en la compra por internet o en un centro comercial. Del «no tenemos nada que perder, salvo nuestras cadenas» hemos pasado al «compra hasta caer rendido».

CONCLUSIÓN:
ESTAR DISPUESTOS A ABRAZAR
EL TIEMPO QUE SE NOS HA DADO

¡Caminemos con esperanza! Un nuevo milenio se abre ante la Iglesia como un océano inmenso en el cual hay que aventurarse, contando con la ayuda de Cristo. El Hijo de Dios, que se encarnó hace dos mil años por amor al hombre, realiza también hoy su obra. Hemos de aguzar la vista para verla y, sobre todo, tener un gran corazón para convertirnos nosotros mismos en sus instrumentos.

PAPA SAN JUAN PABLO II. *Novo millenio ineunte*, 58.

ESTAMOS RODEADOS POR TODAS partes de la visión progresista, constantemente bombardeados por el persuasivo poder de las imágenes digitales y el bienestar consumista; pero, si la comparamos con la que hemos recibido de Dios, se trata de una visión débil y anémica. Sus pretensiones fueron irreales desde el principio y varias generaciones de una experiencia humana funesta la han debilitado tanto que ahora solo son capaces de sostenerla la prosperidad económica y la ausencia aparente de una buena alternativa. En la práctica, la esperanza en una humanidad mejor ha sido sustituida por la esperanza de poder fabricar teléfonos y pantallas aún más rápidos y más potentes; los sueños de un mundo perfecto de justicia y libertad se han disuelto en vagas esperanzas de mejora biotecnológica de las fuerzas físicas. Buena parte del actual poder de la visión moderna reside en su inmediatez: recurre con enorme habilidad a la tendencia humana a dejarse distraer por lo sensual y lo visible. Pero dota de escaso contenido a los aspectos más profundos de la persona humana: es intelectualmente insolvente y espiritualmente pobre. Por lo tanto, no debería intimidar ni angustiar a los cristianos, que tenemos un modo de entender el mundo mucho más convincente y una vida mucho más rica que vivir y que ofrecer a quienes peregrinan junto a nosotros en este mundo. No es casual que buena parte del ocio que buscan con ansia las mentes de nuestros jóvenes incluya dramas épicos, batallas cósmicas entre poderosas fuerzas espirituales del bien y del mal que para salvar al mundo exigen del joven héroe o heroína un carácter, un compromiso y un sacrificio extraordinarios. Lo que la visión progresista sacó a patadas por la puerta se ha colado de vuelta, mutilado, por la ventana. Cosa que no debería sorprendernos: a quienes se les priva de lo real buscan a tientas insulsos sustitutos.

El Espíritu Santo obra en cualquier época, incluida la nuestra. Y si es cierto, como asegura san Pablo, que la gracia abunda donde sobreabunda el pecado (cf. Rm 5), en esta época nuestra habría que esperar del Espíritu Santo una acción especialmente abundante. Nuestra tarea consiste en entender los tiempos que hemos recibido, seguir el rastro de la acción del Espíritu

Santo en ellos y emprender la aventura de cooperar con Él. Que Dios nos dé sabiduría y coraje para hacer frente al reto de la nueva época apostólica en la que nos encontramos; para ser fieles administradores en nuestra generación del mensaje salvador y de la vida liberadora que hemos recibido de Jesucristo.

ESTE LIBRO, PUBLICADO POR
EDICIONES RIALP, S. A.,
MANUEL URIBE, 13-15, 28033 MADRID,
SE TERMINÓ DE IMPRIMIR EN
ANZOS, S. L., FUENLABRADA (MADRID),
EL DÍA 3 DE SEPTIEMBRE DE 2025.